Swantje Furtak & Hans Joosten

MOORE SIND WIE MENSCHEN, NUR NASSER

KATAPULT

Erste Auflage 2024
KATAPULT-Verlag Greifswald

www.katapult-verlag.de
verlag@katapult-verlag.de

Satz und Layout: Iris Ott
Umschlagillustration: Andrea Köster
Grafik und Illustrationen: Jonathan Dehn, Patrick Hinz, Felix Lange, Iris Ott
Lektorat: Kristin Gora
Korrektorat: Iris Becker, Alexander Fürniß, Lukas Laureck, Noah Linke, Stefanie Schuldt, Jasemin Uysal
Gesetzt aus: Arno Pro, Bebas Neue Pro
Druck und Bindung: Print Best, Estland
Papier: Lessebo Balder Recyclingpapier

ISBN: 978-3-948923-81-5

KATAPULT

ClimateCalc™
Der CO2-Ausstoß dieses Druckproduktes wurde mit ClimateCalc berechnet und kompensiert: South Pole
www.climatecalc.eu **CC-000113/EE**

Für alle mit
trockenem Humor

Inhalt

Moore entstehen

Moore wachsen heran

Moore an die Macht

Erst mal Abstand

Oft siehst du mehr, wenn du einen Schritt zurück gehst. So von Weitem erkennst du die Logik hinter der weltweiten Moorverbreitung.

Lass uns als Erstes zum Äquator reisen. Durch die heiße Sonnenstrahlung wird dort viel Wasser zu Wasserdampf und die feuchte, leichtere Luft steigt auf. In der Höhe kühlt sie sich ab und der Wasserdampf regnet als üppiger tropischer Niederschlag wieder runter: gut für die Moore.

Die warme, trockene Luft strömt nun polwärts, geht zu Boden und bildet dort, wo sie runterkommt, die moorarmen Wüstenregionen der Erde. Diese runterströmende Luft treibt das nächste atmosphä-

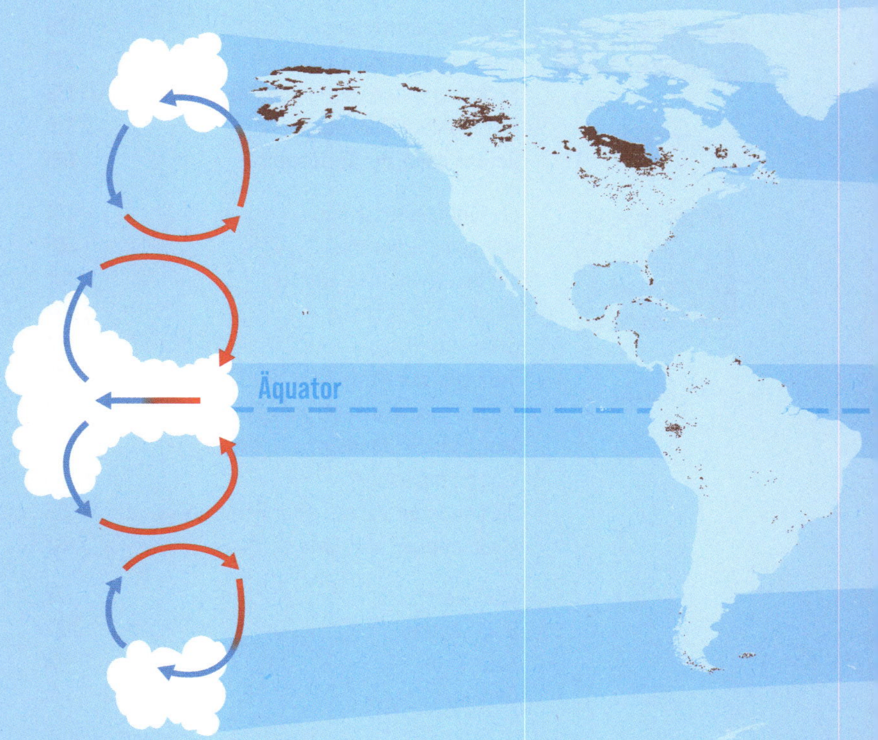

rische Zahnrad an, das jeweils weiter nördlich und südlich wieder eine Zone mit aufsteigender Luft und reichlichem Niederschlag bildet. Besonders der nördliche Moorstreifen ist kaum zu übersehen: In Alaska, Kanada, Nordeuropa und Sibirien finden sich die meisten Moore. Für eine südliche Moorzone sind alle klimatischen Voraussetzungen vorhanden. Und es gibt dort tatsächlich Flecken, die voller Moore sind: Feuerland, die Falklands/Malvinas, die subantarktischen Inseln, Tasmanien und die südlichen Teile von Neuseeland. Die sind aber auf der Karte kaum ersichtlich, weil sie so klein sind. Ansonsten fehlt in der südlichen Zone das Land und somit auch die Moore. Denn Moor ist nasses Land, kein trockenes Wasser.

Von diesem nassen Land handelt dieses Buch.

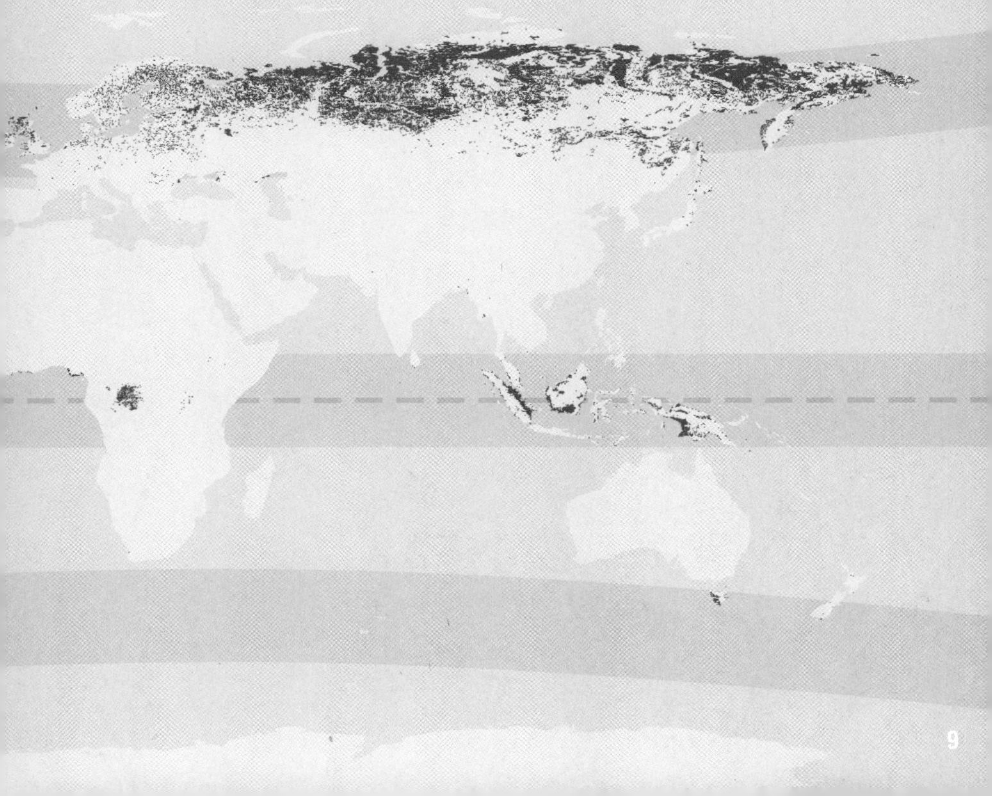

MOORE ENTSTEHEN

Die Zeugung eines Moores

Moore gab es schon lange vor den Menschen. Als diese begannen, Geschichten in Tontafeln zu ritzen, schrieben sie natürlich auch über das Moor. Im Zweistromland (dem heutigen Irak) glaubten die Mesopotamier, dass Sümpfe zu den ersten geschaffenen Landschaften gehörten. Vor 4.000 Jahren hielten sie die Geschichte von *Enki* und *Ninchursang* fest. Laut dieser füllte der Wassergott Enki die Landschaft mit seinem Sperma und erschuf so die Sümpfe. Nach getaner Arbeit verführte der Erregte die Göttin Ninchursang, die »Mutter aller Kinder«, mit dem Satz: »Leg dich ins Schilf, leg dich ins Schilf, wir werden es genießen« und schwängerte sie.

Etwas später, 1635 vor unserer Zeitrechnung, wurde ein weiterer Mythos drei Tontafeln anvertraut. Der *Atrachasis*-Geschichte zufolge hatten die niederrangigen Nebengötter namens Igigi die Aufgabe, Kanäle in den Sümpfen zu graben. Nachdem sie dies viele Jahre lang gemacht hatten, waren sie so genervt von der schweren Last, dass sie gegen die höheren Götter rebellierten. Daraufhin schufen diese die Menschen, um die Aufgaben der Igigi zu übernehmen. Mit anderen Worten: Wir Menschen sind hier, um in den Sümpfen zu arbeiten. Gut zu wissen.

turfeira

Gängigste Bezeichnungen für *Moor*

Europa, Auswahl

Nicht jeder Sumpf ist ein Moor

Ist ein Gebiet nass und voll mit spezialisierten *Sumpfpflanzen,* dann nennt man es einen *Sumpf.* Sumpfpflanzen sind Pflanzen, die mit ihren Wurzeln unter Wasser leben können.

Um ein Moor zu erkennen, muss man etwas genauer in den Boden gucken. Findet man da eine Torfschicht, die mehr als 30 Zentimeter dick ist, spricht man (in Deutschland) von einem *Moor* – und zwar unabhängig davon, was auf der Fläche wächst oder wie nass sie ist.

Torf besteht aus den Resten abgestorbener Pflanzen und bildet sich auf Land, das dauerhaft nass ist. Dieses heißt dann *wachsendes Moor*. Zu erkennen, ob ein Moor wächst, seine Torfschicht also dicker wird, ist gar nicht so leicht. Einem Kind sieht man schließlich auch nicht an, dass es wächst. Ähnlich ist es mit der Torfbildung: Sie ist so langsam (etwa ein Millimeter pro Jahr), dass man darauf nicht warten kann. Man braucht also noch andere Anhaltspunkte. Ein guter Hinweis sind wachsende Pflanzen, von deren Art auch Reste im obersten Torf zu finden sind (weil sie den obersten Torf gebildet haben, logisch). Und wenn das Land dann auch noch lecker nass ist, hast du eine gute Chance, dass du auf einem wachsenden Moor stehst.

Wachsende Moore sind also immer Sümpfe mit einer Torfschicht. Es gibt aber auch Sümpfe, die über einen so langen Zeitraum nass sind, dass dort Sumpfpflanzen wachsen, aber doch nicht lang genug, dass dort Torf gebildet wird. Man hat somit Moore, die Sümpfe sind, und Sümpfe, die Moore sind, neben Mooren, die keine Sümpfe sind (weil sie entwässert wurden) und Sümpfen, die keine Moore sind (weil keine Torfbildung stattgefunden hat).

Wenn du jetzt einen Knoten im Kopf hast, hilft vielleicht diese Abbildung. Diese wurde 1998 von 30 Moorspezialist:innen aus der ganzen Welt während einer Tagung in Greifswald über vier volle Tage erarbeitet.

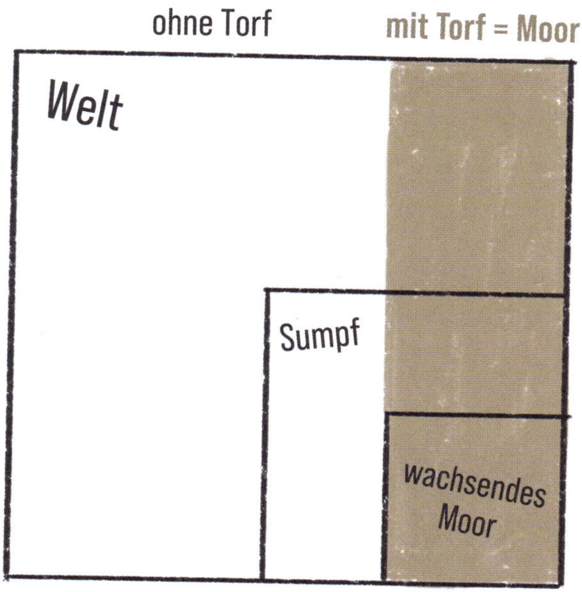

Torf im Gurkenglas

Schon seit Jahrtausenden machen sich die Menschen verschiedene Prinzipien der Konservierung zunutze. Um Gurken, Bismarckhering oder Kraut aufzubewahren, werden sie mit Flüssigkeit bedeckt in Gläsern sauer eingelegt. Die Einmachgläser können dann Jahrzehnte (bestimmt auch Jahrtausende) im Keller stehen.

Moore machen das Gleiche: Sie packen ihre Pflanzenreste auch in Wasser. Durch erste Zersetzung wird der restliche Sauerstoff im Wasser aufgebraucht, wobei das Wasser sauer wird (deshalb heißt *Sauerstoff* übrigens *Sauer*stoff). Von außen kommt kaum neue Luft nach, die für weitere Zersetzung sorgen könnte, und stabilere Reste, wie die von Torfmoosen oder Schilfwurzeln, bleiben erhalten. Je nach Pflanze ist es dann eine andere Torfart. Trotzdem gibt es nicht unfassbar viele verschiedene Torfe, da von den über 20.000 Pflanzenarten in Europa weniger als 1 Prozent Torf bilden können.

Gurken zum Beispiel können zwar prima eingelegt werden, aber nie ein Moor bilden. Zum einen wachsen die Gurkenpflanzen nicht im Moor – dort ist es für sie zu nass. Zum anderen sind die Früchte so weich, dass sie sich schneller zersetzen, als das Moor sie konservieren kann. Denn während das Gurkenglas einen Deckel hat, ist das Moor oben offen, sodass immer noch etwas Sauerstoff rein kommt. Und dieses bisschen verhindert schon, dass die tote, weiche Gurkenmasse zu Torf wird.

Zu guter Letzt nennt man *Torf* nur die Pflanzenmasse, die sich an der gleichen Stelle ablagert, an der sie gewachsen ist. Auch darin unterscheidet sich ein Moor vom Vorratskeller. Die Gurken wachsen im Garten, werden in der Küche zubereitet und im Keller gelagert. Im Moor bleibt alles an Ort und Stelle.

Zwischen Leben und Tod

Sieht man lebende Menschen, sieht man zuerst den Tod: Die äußerste Hautschicht, die Epidermis, Haare und Nägel bestehen hauptsächlich aus toten Zellen. Das Leben fängt erst dahinter an.

Bei wachsenden Mooren ist es genau umgekehrt. Erst sieht man das Leben, die Vegetation. Das tote Material (der Torf) liegt darunter. Lebende Vegetation wird im wachsenden Moor zu totem Torf. Torfmoose wachsen oben immer weiter und die älteren, tieferen Teile werden braun und sterben irgendwann ab. Auch Pflanzenwurzeln wachsen von oben in den toten Torf hinein und verenden letztendlich in ihm – und werden selbst zu Torf. Aber wann und wo genau? Im Moor ist es schwierig, zwischen Leben und Tod zu trennen.

Aufbau Torfmoos

Torf erkennen für Anfänger:innen

Nimm ein Stückchen Boden in die Hand:

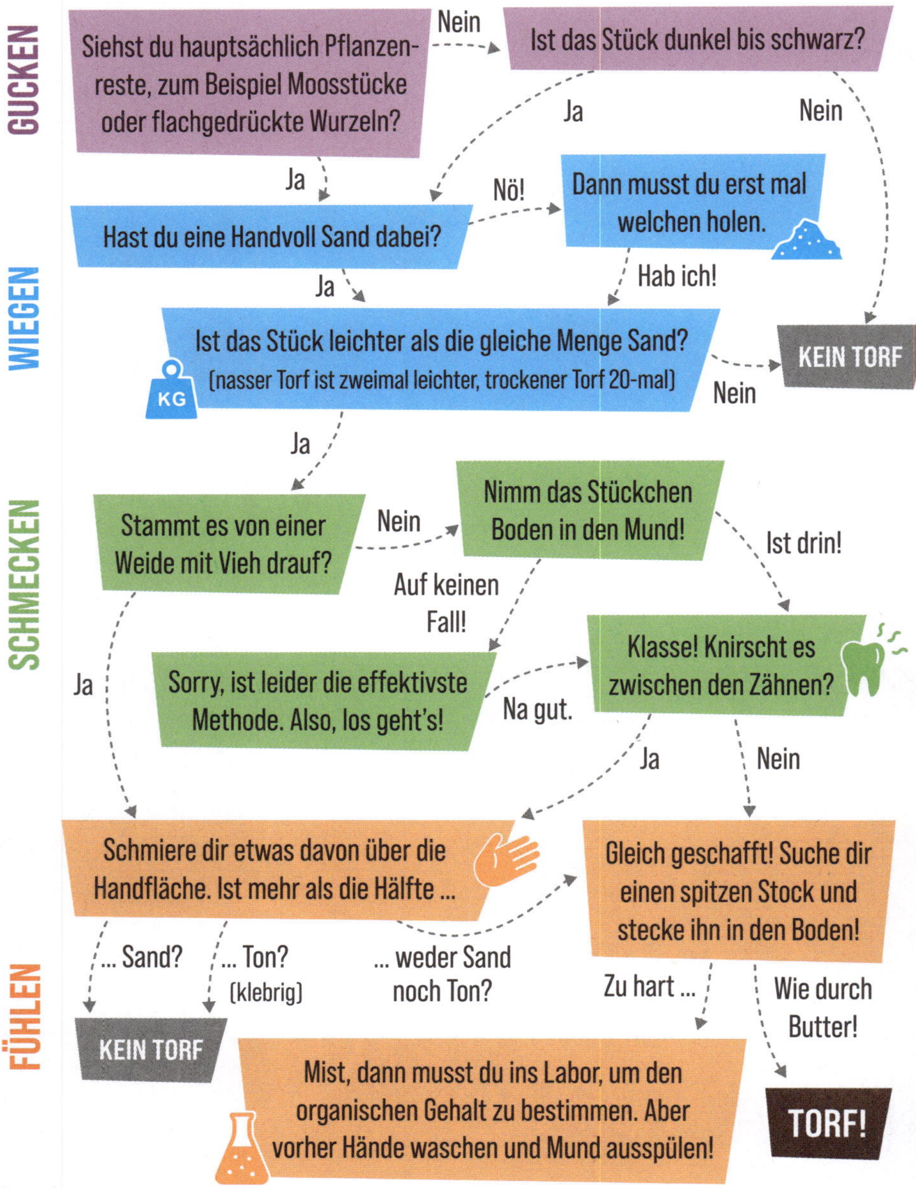

Moor oder Torf

Wir gewinnen Wasser aus dem Wasser, Schilf aus dem Schilf und Holz aus dem Holz. Dieses sprachliche Phänomen ist auch in Bezug auf Moore weit verbreitet. So holt man in Bayern Moos aus dem Moos, in Albanien baltë aus dem baltë und früher in Deutschland Moor aus dem Moor. Es ist schwer zu sagen, ob die Landschaft nach der Substanz benannt wurde oder umgekehrt.

Beim Moor haben sich sowohl die Inhalte der Wörter als auch die Wörter selbst öfter geändert. Anfänglich nannte man die Substanz, die man aus dem Moor holte und verarbeitete, auch *Moor*. Diese Verwendung hat sich bis heute nur im *Moorbad* gehalten. Später wurde dem Produkt ein neuer Name gegeben – *Torf*. Ähnliches geschah im Englischen mit *moss*, was im Laufe der Zeit durch *peat* ersetzt wurde. In beiden Fällen entwickelte sich der Name des verarbeiteten Produkts sogar so sehr weiter, dass er nun auch das unverarbeitete Substrat mit einschließt. Deshalb verwenden wir heute *Torf* und *peat* für allen Torf, egal ob im natürlichen Moor oder verarbeitet zu Blumenerde. In den Niederlanden machte man diesen Schritt nicht: Dort nennt man zwar das verarbeitete Material *turf*, aber solange das Material noch im Moor ist *veen*, also wie die Landschaft. In Irland folgte man zunächst dem britischen Beispiel und nannte das Material im Moor wieder *peat*, aber gab dann dem gewonnenen und verarbeiteten *peat* den Namen *turf*. Vielleicht gibt das einen kleinen Eindruck, wie verwirrend Gespräche zwischen Moorforschenden manchmal sein können.

Sieht aus wie Torf, ist es aber nicht

Kuhfladen

Das Pflanzenmaterial in Kuhscheiße wurde von den Kühen verschleppt. Außerdem schmeckt Kuhscheiße nicht so gut wie Torf (finden wir).

Vulkanascheböden

Da die Vulkanasche grob und porös ist, rutscht abgestorbenes Pflanzenmaterial einfach hinein und bleibt unter feuchten Bedingungen erhalten. Die tiefen Böden erscheinen dann braun bis pechschwarz.

Schokokuchen

Kakao wird in den Tropen tatsächlich oft auf Moor angebaut (Bananen und Ananas übrigens auch, aber das ist ein anderer Kuchen) und in Irland wurde das Moor schon vor über 3.000 Jahren als Kühlschrank für Butter verwendet. An Kakao oder Butter lassen sich Torf und Kuchen also nicht auseinanderhalten. Sagen wir einfach, dass der Schokoladenkuchen zu süß und zu lecker ist, um Torf sein zu können.

Blätterböden

Die manchmal meterhohen Ansammlungen bestehen aus totem Pflanzenmaterial – vor allem Blättern, aber auch Gräsern, Heide und Moosen und kommen in feucht-kühlen Nebelwäldern vor. Doch sind die Blätterböden nur wenige Tage im Jahr mit Wasser gesättigt.

Mudden

Reste von Wasserpflanzen (auch Algen), die sich am Seeboden abgelagert haben, nennt man Mudden. Wenn die Ablagerungen kaum Sand enthalten und dunkel gefärbt sind, werden sie oft für Torf gehalten. Warum Mudde kein Torf ist? Weil ein Moor kein See ist! Moore produzieren Torf, Seen produzieren Mudde.

Kompost

Kompost wird von Menschen zusammengetragen. In Nordkorea sogar richtig viel! So musste 2019 jede:r Bürger:in täglich 100 Kilogramm menschlichen Dünger abliefern. Schaffte man das nicht – wie sollte man auch –, ging auch die dreifache Menge an Kompost – oder eine Strafzahlung.

Torf

- totes Pflanzenmaterial
- dort abgelagert, wo es gewachsen ist
- natürlicherweise dauerhaft mit Wasser gesättigt
- schmeckt ganz gut

Die Geburt eines Moores

Die meisten Lehrbücher beschreiben das Zuwachsen eines Sees als die vorherrschende Art und Weise, wie ein Moor entsteht. Aus Wasser wird Land: *Verlandung* nennt man das. Es gibt zwar viele solche *Verlandungsmoore,* aber Verlandung ist nicht die gängigste Art der Moorbildung.

Der Grund ist so simpel wie logisch: Ein See ist meist einfach zu nass, um Torf zu bilden. Pflanzen brauchen neben Wasser auch Kohlenstoffdioxid und Sonnenlicht. Diese beiden Dinge sind in tiefem Wasser oft nicht ausreichend verfügbar, sodass Unterwasserpflanzen nicht so gut wachsen. Außerdem sind untergetauchte und schwimmende Pflanzen generell Weicheier: Sie haben weder Stützgewebe (weil sie vom Wasser getragen werden) noch Wände gegen Austrocknung (ist ja auch immer nass). Damit Torf entsteht, braucht es aber gerade dieses schwer abbaubare Pflanzenmaterial. In Wirklichkeit entstehen die meisten Moore deshalb durch *Versumpfung*: Trockenes Land wird nass. Wie funktioniert das?

Alles Wasser auf dem Land stammt letztendlich von Niederschlag. Aber der ist ein unzuverlässiger Lieferant: Mal hat man ihn, mal nicht. Deshalb gibt es auch keine Moore, die von Anfang an nur von Niederschlag gespeist werden. Am Anfang braucht ein Moor somit etwas, das den ungleichmäßigen Niederschlag in ein kontinuierliches Wasserangebot umwandelt – quasi einen Wechselstrom-Gleichstromumrichter (AC/DC-Wandler) für Wasser. Diese Rolle übernimmt das Umfeld des Moores, das Einzugsgebiet.

Entstehung eines Moores

durch Versumpfung

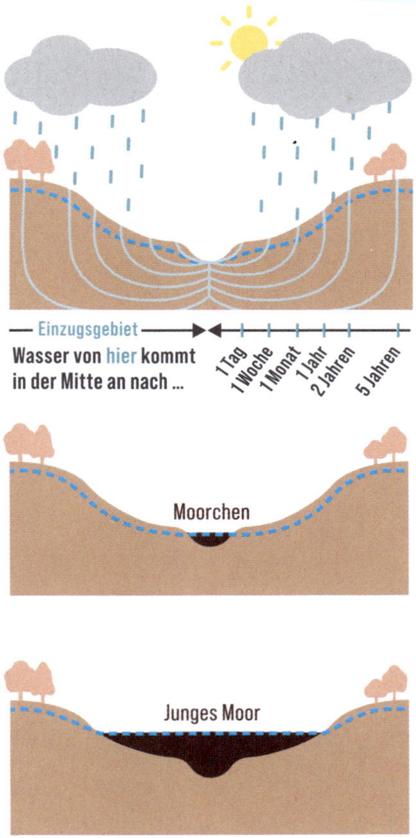

Regenwasser, das im Einzugsgebiet versickert, kommt mit einer Zeitverzögerung im Moorbecken an. So bleibt es dort fast dauerhaft nass, auch wenn es einmal nicht regnet. Gleichzeitig muss überschüssiges Wasser ablaufen können, denn wir wollen ja keinen See. In so einem schützenden, gleichmäßig feuchten Umfeld kann ein Moorchen wachsen. Ganz langsam lagert sich dann abgestorbenes Pflanzenmaterial ab.

Das Moorchen hat eine besondere Eigenschaft: Mit seinem Wachstum erschwert ein Moor dem Wasser das Ein-, Durch- und Ausströmen. So hebt es den Wasserstand sowohl in seiner eigenen Wiege als auch im ganzen Einzugsgebiet allmählich an. Sobald das junge Moor groß und kräftig genug ist, wächst es über den schützenden Beckenrand hinaus. Viele Moore bleiben auch dann noch abhängig von ihrem Einzugsgebiet. Andere entwickeln eine derartige Eigenständigkeit, dass sie allein den Weg in die große, weite Welt suchen.

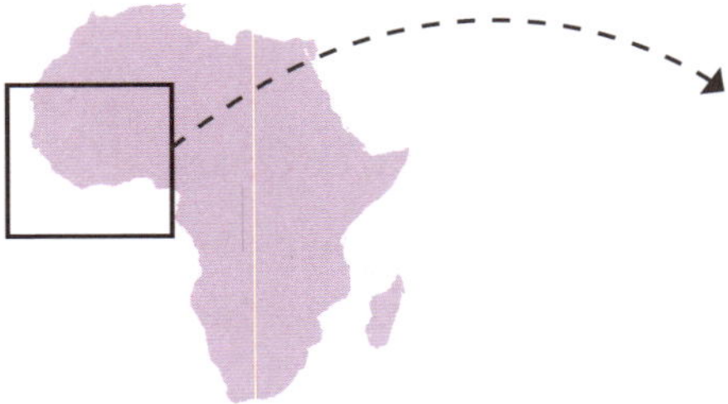

Das Nasse im Trockenen

Ein Moor in der Wüste klingt wie ein Widerspruch in sich. Wie soll ein nasses Moorwesen in einer trocken-heißen Wüste überleben? Dennoch findet man selbst in den trockensten Teilen der Erde gelegentlich Moore. Und es sind genau diese, die uns das Moor-Sein richtig verstehen lassen.

Für sowohl Moore als auch Menschen gilt: Wasser ist Leben. Sucht man also in einem trockenen Land Moor, geht man am Besten dorthin, wo alles Wasser der Erde hinströmt, das heißt, in die Nähe des Meeres.

Moore brauchen ein stabiles Wasserangebot. Nur dann wächst ihr Torf. Die zwei Albträume der Moore sind, a) dass ihr Torf trocken fällt oder b) dass ihr Torf von zu viel Wasser weggespült wird (Torf ist – wie Scheiße – kaum schwerer als Wasser). Deshalb finden sich Moore in trockenen Regionen immer nur in Mulden, wo sich Wasser aus dem Umfeld sammelt. Wichtig dabei ist, dass das Moor auch in Dürrezeiten (und die kommen in der Wüste schon mal vor) immer noch Wasser geliefert bekommt, weil die eigenen Wasserverluste durch Verdunstung enorm sind. Je trockener die Wüste, desto

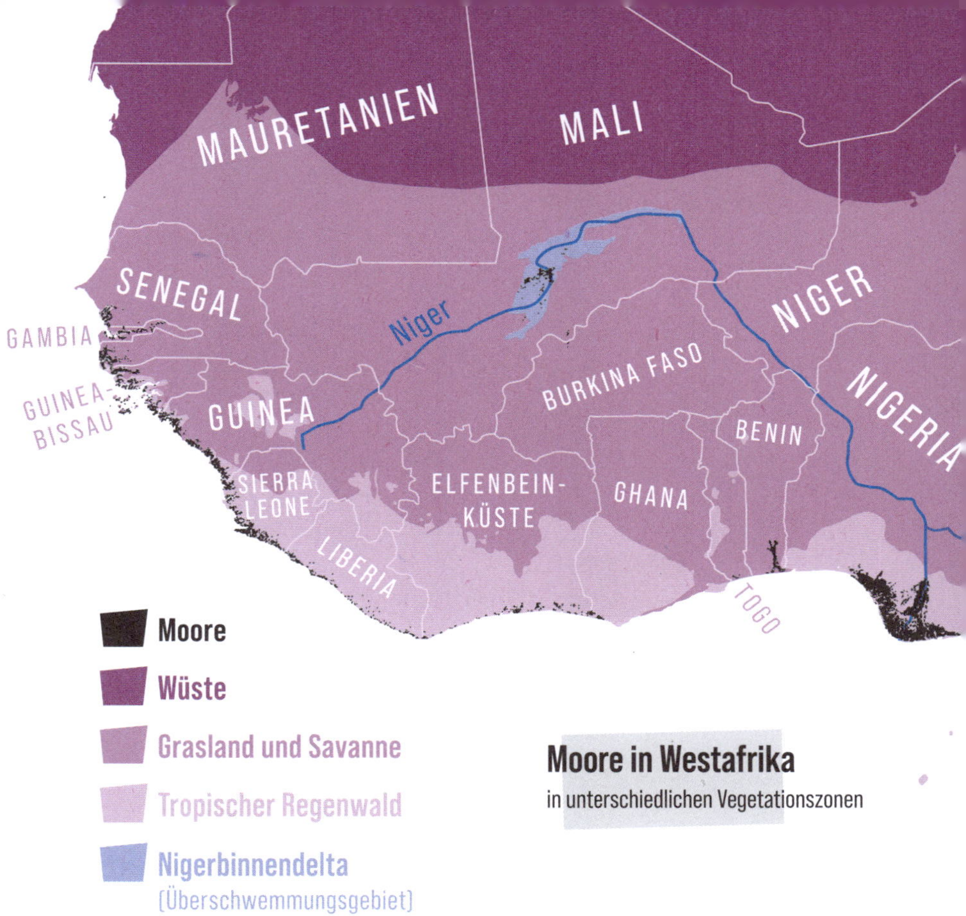

Moore in Westafrika
in unterschiedlichen Vegetationszonen

größer muss das Einzugsgebiet sein. Lebt ein Moor hingegen in einer Region mit mehr Regen und weniger Verdunstung, kann sein Wasser-Einzugsgebiet kleiner sein. Solche Moore findet man beispielsweise in Bergregionen.

Wenn du also eine Moor-Expedition in einer trockenen Region planst – sei das in Portugal, Senegal oder Mexiko –, dann suche an den tiefsten Stellen. Dort fließt das Wasser hin, dort lässt's sich leben.

Die Torftiefe bestimmt, was man Moor nennt

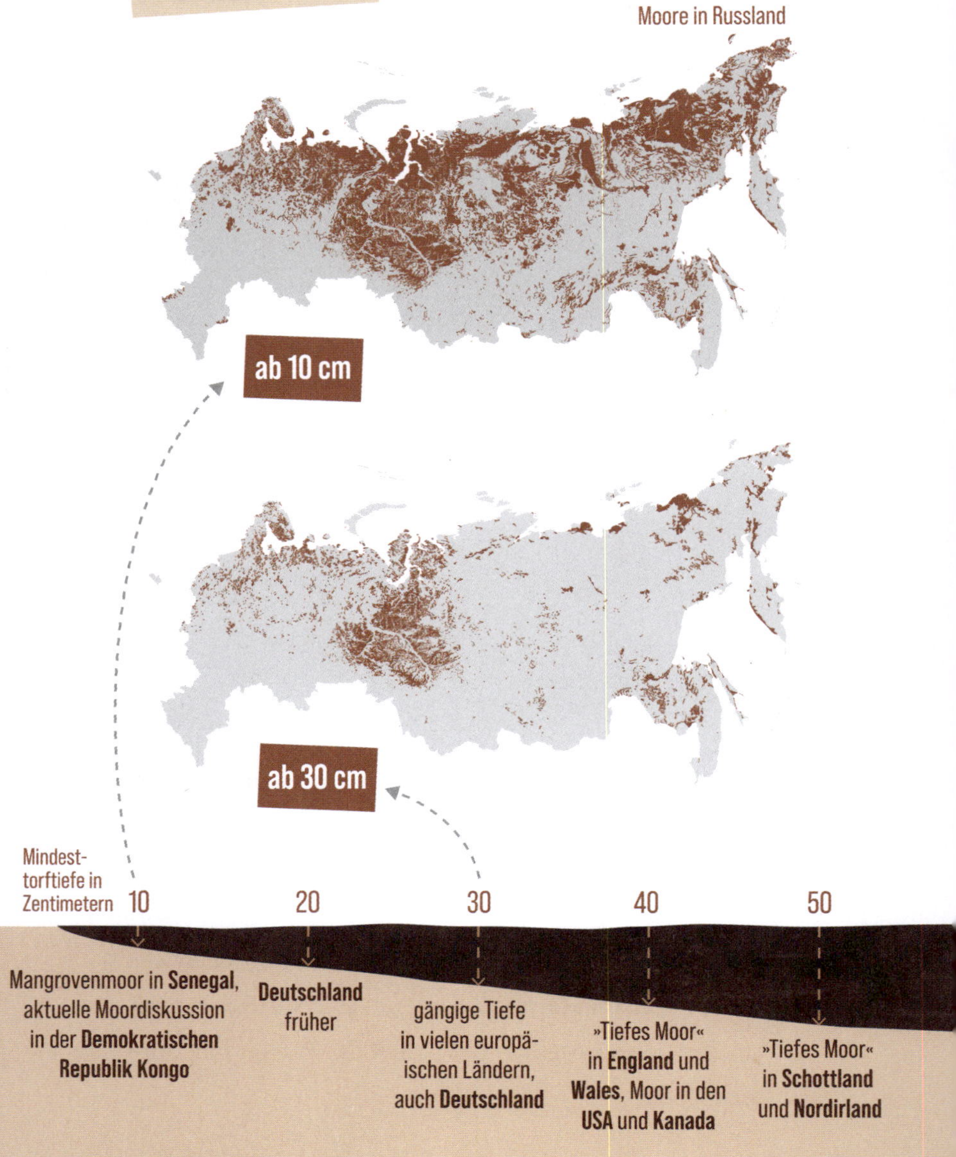

Ein Mammut im Moor

Wie mächtig eine Torfschicht sein muss, um Land Moor nennen zu dürfen, wird bei uns danach bestimmt, wie tief das Land früher gepflügt wurde. Deshalb nennt man hierzulande Moor, was mindestens 30 Zentimeter tiefen Torf hat. Früher waren es 20 und kurzzeitig auch mal 25 Zentimeter. Weltmeister war mit einer Pflugtiefe von 2,15 Metern in den 1950ern der Dampfpflug *Mammut* der Firma Ottomeyer. In fünf Stunden konnte er einen Hektar Tiefes Moor »umlegen«. Hätte man seine Pflugtiefe als Grenzwert genommen, würde in Deutschland viel weniger Fläche als Moor gelten.

Weil der Schwellenwert historisch bedingt von Land zu Land unterschiedlich ist, hat es bis heute niemand geschafft, eine einheitliche Moorkarte der Welt zu erstellen. Alle Moor-Weltkarten (auch unsere) sind ein Flickwerk unterschiedlicher Moorkonzepte.

Wie viel Moor es weltweit gibt, wissen wir also nicht genau. In der Demokratischen Republik Kongo wird über 10 Zentimeter als Untergrenze diskutiert. Denn eine 15 Zentimeter dicke Torfschicht kann pro Hektar mehr Kohlenstoff enthalten als die gleiche Fläche tropischer Regenwald. Mit diesem niedrigeren Schwellenwert könnte mehr Fläche einen Schutzstatus erhalten, was dem Klima zugutekäme.

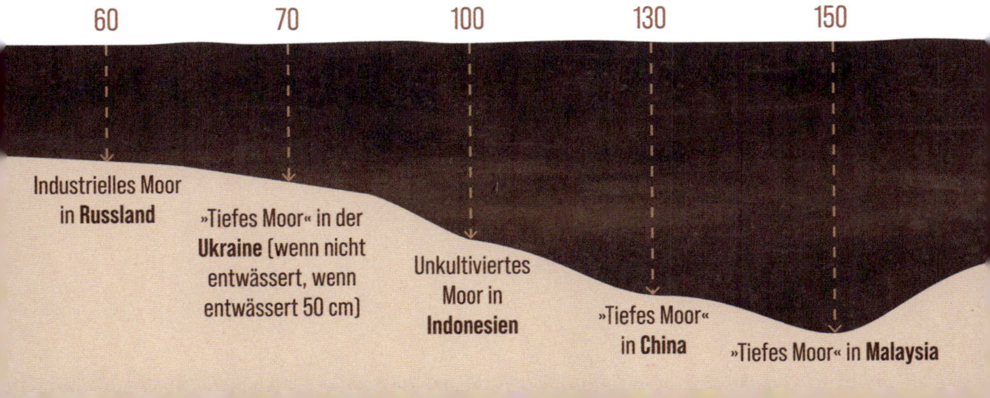

Ein Moor für deinen Garten

Viele Bücher, die das Anlegen von Moorgärten beschreiben, verwenden dafür Torf. Das wollen wir nicht – ein Moor woanders kaputtmachen, um sein eigenes zu bauen? Muss nicht sein.

Als Erstes gilt es, das Abfließen des Wassers zu verhindern: Moor muss nass sein! Das geht ganz einfach mit einer alten Badewanne oder einer Teichfolie in einem Loch. Jetzt nimmst du Blumentöpfe und Eimer und stellst sie verkehrt herum in das Becken. In die Eimer müssen fingerdicke Löcher gebohrt werden (die Blumentöpfe haben meist schon eins). Ein großer Vorrat an Wasser in den Hohlräumen der Gefäße sorgt dafür, dass bei gleichem Wasserverlust (zum Beispiel durch Verdunstung) der Wasserstand weniger sinkt. Auf und um die Töpfe herum kippst du einen Torfersatzstoff wie Torfmoose, Kokosfasern oder Sägespäne und modellierst leicht die Oberfläche zu eingedellten Schlenken und erhöhten Bulten. Das Material muss angefeuchtet und festgestampft werden. Dadurch kann das Wasser später auch bei tieferen Wasserständen kapillar nach oben gesogen werden.

Jetzt Hahn auf, bis das Wasser leicht über den Schlenken steht. Aber Vorsicht: Moore wollen auch nicht zu viel Wasser, ein Überlauf ist angebracht. Außerdem haben Moore Ansprüche an die Wasserqualität. Für einen Garten mit Hochmoorpflanzen empfehlen wir Regenwasser. Das Moor muss schön nass bleiben, also regelmäßig nachgießen oder eine Regentonne mit Schwimmerventil anschließen – funktioniert wie der Spülkasten am Klo. Niedermoorpflanzen haben generell weniger Qualitätsansprüche an das Wasser.

Wenn das Moorbeet schön saftig-nass ist, kann das Bepflanzen beginnen. Wächst alles, benötigt dein Gartenmoor kaum Pflege. Einzig Beikraut solltest du zweimal im Jahr beseitigen.

Aufbau Moorbeet

Blänke Offenes Wasser

Wasserschlauch
Utricularia vulgaris

Fieberklee
Menyanthes trifoliata

Sumpf-Blutauge
Comarum palustre

Schlenke Senke

Sonnentau
Drosera anglica, Drosera intermedia

Wollgras
Eriophorum virginicum, Eriophorum angustifolium

Johanniskraut
Hypericum elodes, Hypericum virginicum

Moorlilie
Narthecium ossifragum

Pfeil-Aronstab
Peltandra virginica

Moororchidee
Pogonia ophioglossoides

Bulte Kuppe

Moosbeere
Vaccinium oxycoccus

Rosmarinheide
Andromeda polifolia

Rotes Torfmoos
Sphagnum divinum

Glockenheide
Erica tetralix

Lorbeerrose
Kalmia polifolia

Trompetenpflanze
Sarracenia purpurea

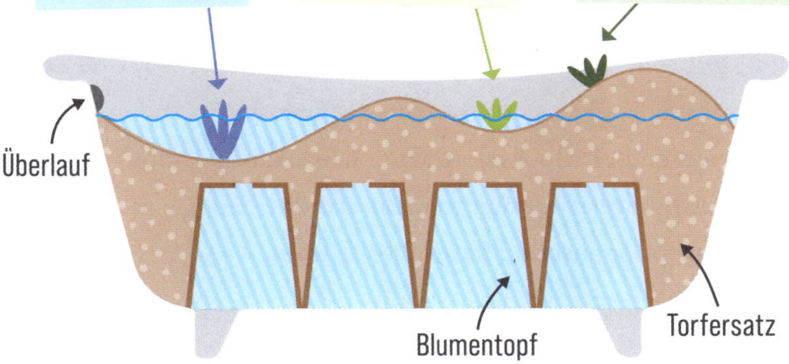

Moore in der Nähe von Kneipen

Wie viele Typen von Kindern gibt es? Diese Frage hört man nie, weil sie offensichtlich Blödsinn ist. Es gibt männliche und weibliche und diverse Kinder; Kinder mit roten, blonden, schwarzen Haaren; große und kleine; dicke und dünne; freche und bescheidene; mit hohem und niedrigem IQ. Und das mit tausend Möglichkeiten dazwischen und kombinierbar. Die Zahl der Kindertypen ist endlos. Das ist so mit Kindern, Autos, Hunden – und auch Mooren. Wird bei einer Prüfung gefragt »Wie viele Moortypen gibt es?«, beginnen nur die dümmsten Studierenden, an ihren Fingern zu zählen. Die richtige Antwort ist: Es kommt ganz darauf an, wonach man schaut.

Man klassifiziert Dinge immer nach ihren Eigenschaften oder nach ihren Beziehungen zu anderen Dingen. Moore kann man also auch nach ihrem Abstand zur nächsten Kneipe klassifizieren. Und das ist durchaus sinnvoll, wenn man eine Exkursion plant.

Nehmen wir zum Beispiel einmal Großbritannien und legen eine Karte mit den Entfernungen zur nächsten Kneipe neben eine Moorkarte. Siehe da: Vom Abstand zur nächsten Kneipe lässt sich sogar der Zustand der Moore ableiten! Dort, wo viele Kneipen sind, gibt es auch mehr Straßen, Häuser und Menschen. Und dort sind Moore häufiger entwässert und stoßen mehr Treibhausgase aus – zumindest mehr als dort, wo es keine Kneipen gibt.

Also selbst wenn du nur gern Bier trinkst und gar nichts über Moore weißt, kannst du Moore klassifizieren.

Moore in Großbritannien und Irland

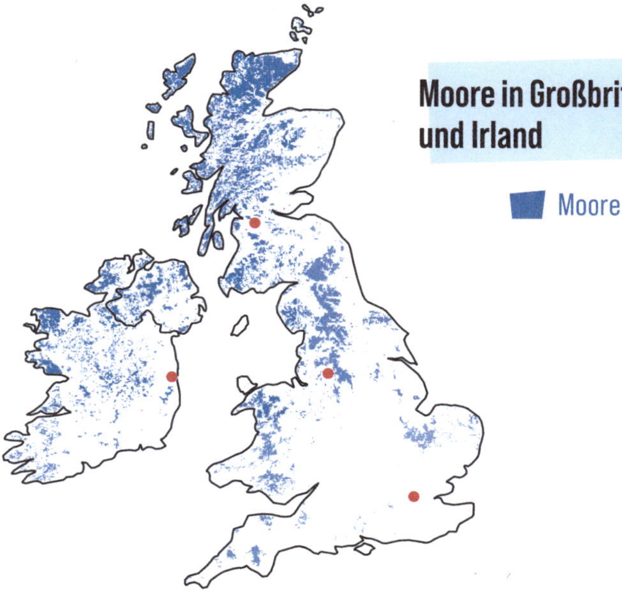

Entfernung bis zur nächstgelegenen Kneipe

in Kilometern

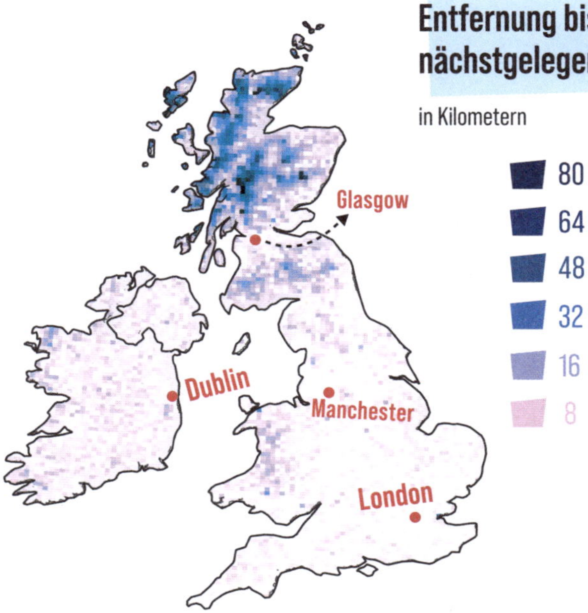

MOORE WACHSEN HERAN

Hoch- und Niedermoor

Man hat schon seit dem Altertum zwischen flachen und hoch gewölbten Mooren unterschieden. Dau war der Erste, der verstand, dass die hoch gewölbten nur von oben mit Wasser versorgt werden. Er drückte es in einem Rätsel aus:

»Vom Regen nur und Thau des Himmels ist es aufgewachsen:
Die Erde nährt' es nicht.
Und wenn das Wasser sonst den Abhang eilend flieht, –
hier siehst du es auf Höh' und Abhang weilen!«
Johann Heinrich Christfried Dau (1823)

Damit war der Unterschied zwischen dem, was wir heutzutage Hoch- und Niedermoor nennen, gesetzt. Um ein Niedermoor zu verstehen, braucht es nur einen kleinen Zusatz:

»Die Erde nährt es wohl«
Johannes Hendricus Josephus Joosten (2023)

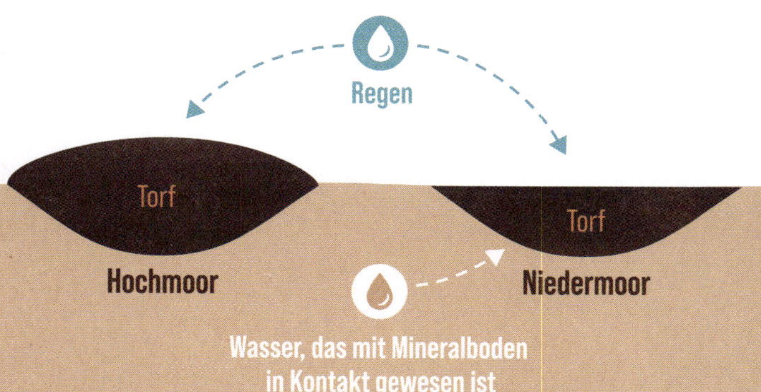

Deutsche Orte mit *Moor* im Namen

Städte und Gemeinden

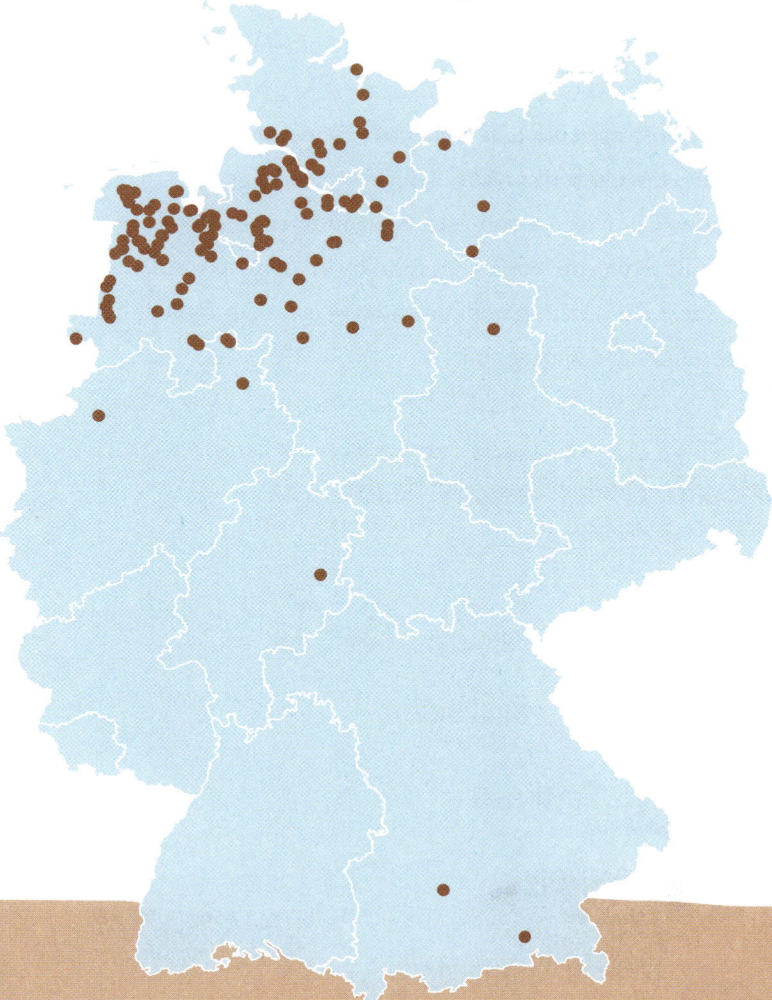

Nicht jede:r kann vegan sein

Moore wachsen, weil Pflanzen wachsen. Pflanzen leben von Luft (CO_2), Wasser, Sonnenschein und einer Prise Salz. Bei vielen Mooren ist letzteres Mangelware und viele Moorpflanzen sehen entsprechend mager, klein und schäbig aus. Aus Not und Hunger nach Mineralstoffen sind manche Arten zu Fleischfressern geworden. Sie verwenden Techniken, um Insekten, Spinnen und andere Tiere anzulocken und zu fangen – durchaus auch mal eine junge Eidechse. Die bekannteste fleischfressende Art ist bestimmt die nichtheimische Venusfliegenfalle. In den Mooren Deutschlands kannst du – man glaubt es kaum – etwa ein Dutzend fleischfressende Pflanzenarten finden:

Fleischfressende Pflanzen in Deutschland
Anzahl der Arten pro Gattung

Wasserschlauch

Fangtechnik: **Saugfalle**

Status: **Stark gefährdet**

Der Sauger

Die Fangblasen des Wasserschlauchs liegen unter Wasser. Wasserflöhe, kleine Schnecken, auch mal eine Kaulquappe sind seine Beute. Berührt jemand die Borsten einer Fangblase, öffnet sich eine Klappe. Das Beutetier wird mit dem Wasser in die Blase hinein gerissen. Die Klappe schließt sich und die Blase zersetzt ihre Opfer in 15 Minuten. Parallel pumpt die Pflanze das überschüssige Wasser wieder ab, um den notwendigen Unterdruck für die nächste Beute zu schaffen.

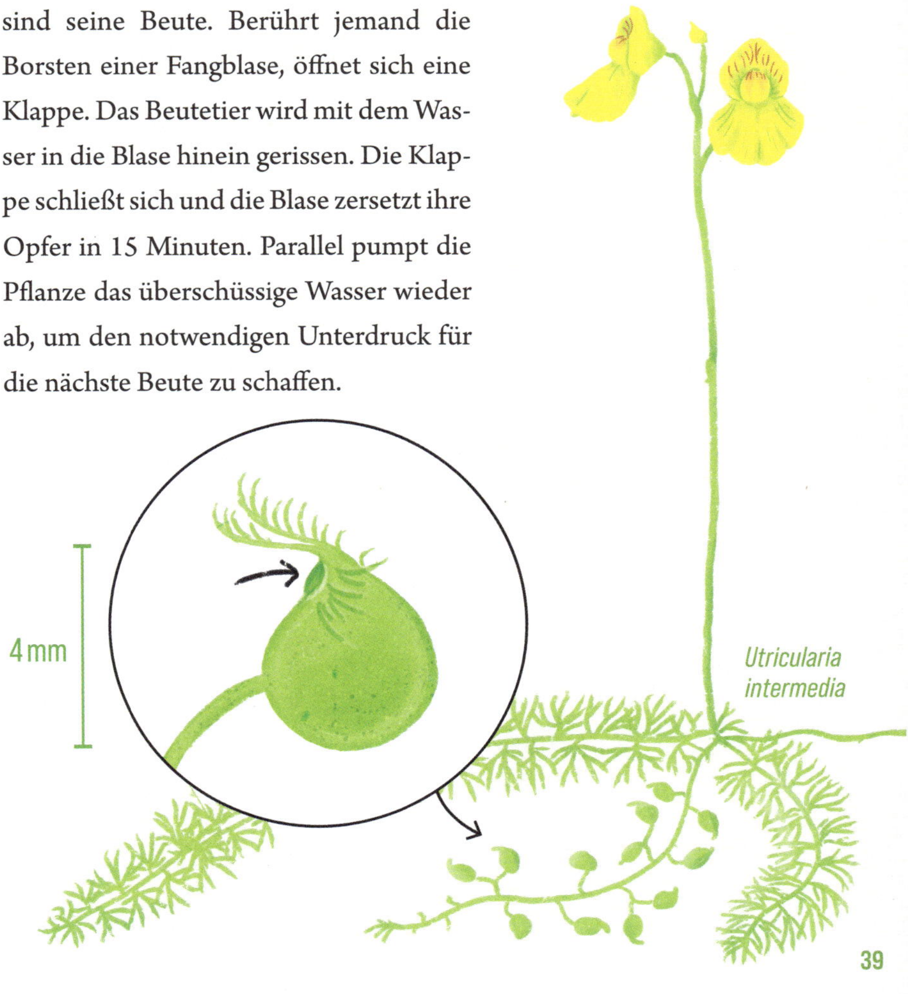

Sonnentau

Fangtechnik: **Klebefalle**

Status: **Stark gefährdet**

Die Todestropfen

Ihren glänzenden Tropfen kann kein Insekt widerstehen. Doch einmal einen Tropfen berührt, zack, bleibt die Beute kleben wie an einem Fliegenpapier. Zappeln macht die Sache nur noch schlimmer, denn dann beugen sich die Tentakelfinger Richtung Blattmitte. Über mehrere Tage wird das Insekt vom Fangblatt umschlossen und mithilfe von Enzymen verdaut. Übrig bleibt lediglich der Chitinpanzer – völlig ausgelutscht.

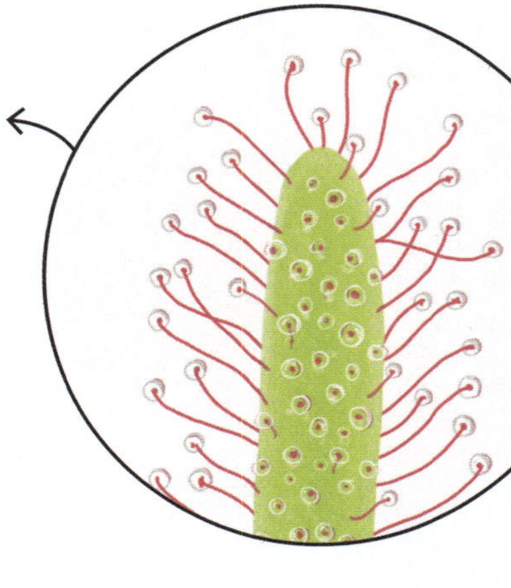

Drosera anglica

Fettkraut

Fangtechnik: **Klebefalle**

Status: **Gefährdet**

Der Klebestreifen

Unscheinbar liegt die Blattrosette auf dem Boden, die ideale Landebahn auf einem nassen Moor. Falsch gedacht! Denn die Blattoberfläche ist übersät mit Drüsen und hält die Insekten sofort mit ihrem klebrigen Fangsekret fest. Ähnlich wie der Sonnentau fühlt auch das gemeine Fettkraut jedes Strampeln und sondert nur noch mehr zersetzenden Schleim ab – keine Chance auf Entkommen.

Pinguicula vulgaris

Wasserfalle

Fangtechnik: **Klappfalle**

Status: **Ausgestorben** *in Deutschland*

Der U-Schnapper

Die exotische Venusfliegenfalle hatte einmal bei uns eine Schwester mit dem schönen Namen Aldrovanda. Ohne Wurzeln trieb sie auf dem Wasser mit untergetauchten Fangapparaten. Bei der leisesten Bewegung von Krebschen und kleinen Insekten klappte sie ihre Blätter zusammen – in maximal 0,02 Sekunden. Zwar gilt die Wasserfalle in Deutschland offiziell als ausgestorben; in Nordrhein-Westfalen und Bayern wurden aber ein paar wieder ausgebracht.

Aldrovanda vesiculosa

Trompetenpflanze

Fangtechnik: **Grubenfalle**

Status: **Selten**
aber nicht heimisch

Der Suppentopf

Wie bei einem Blasorchester strecken die Trompetenpflanzen ihre Trichter in die Höhe. Sie locken ihre Beute mit schillernden Farben und aufregenden Düften. Doch ihr Kelchrand ist glatt wie Sau. Einmal abgerutscht, fallen die Insekten tief in den Schlauch hinein und ertrinken in der Flüssigkeit darin. Mückenlarven, Rädertierchen und Bakterien fallen über die Beute her und zersetzen sie. Erst am Ende absorbiert die Trompete selbst die nahrhafte Suppe, die die Kleinsttierchen ihr zubereitet haben.

Sarracenia purpurea

Mehr Wasser als Bier

Torf besteht weitestgehend aus Wasser. Moorwachstum ist somit eigentlich nichts anderes als das Aufstapeln von Wasser. Schon mal probiert? Genau da liegt der Knackpunkt. Wenn du mehr Bier lagern möchtest, brauchst du auch mehr Flaschen. Das Moor produziert seine Wasserbehälter selbst. Es bildet aus Pflanzenmaterial eine schwammartige Struktur von Hohlräumen, um Wasser zu speichern. Doch verliert es bei dieser Herstellung etwa 85 Prozent des Ausgangsmaterials durch Zersetzung. Deshalb wachsen die meisten Moore jährlich nur einen Millimeter (mit 95 Prozent Wasser und fünf Prozent Behältermaterial). Denn für diesen Millimeter müssen auf einem Quadratmeter Moor 350 Gramm Pflanzenmaterial pro Jahr produziert werden. Das sind etwa drei Tassen Mehl auf einem Küchentisch verteilt. Klingt wenig, ist aber für einen nährstoffarmen Standort, was die meisten Moore weltweit sind, ziemlich viel. Selbst wenn man optimal düngt und den Wasserstand optimal hoch hält, wie auf unserer Torfmoosfarm in Hankhausen (Niedersachsen), wächst gerade mal das Doppelte an Pflanzenmaterial. Hier zeigt sich eine Grenze des Moorwachstums: Das Moor kriegt die Verpackung für mehr Wasser einfach nicht produziert.

Für die ganz große Party steigen die Biertrinkenden von Flaschen auf ein Fass um. Das kann ein Moor nicht, denn wo kein Wasser im Gefäß ist, verrottet die Wand schnell. Das Moor könnte sich natürlich auch überlegen, mehr Wasser in einen dehnbaren Behälter zu stopfen. Aber wir wissen, wo das endet: Wenn immer mehr Luft in einen Luftballon geblasen wird, platzt er. Wenn ein Moor zu viel Wasser bekommt, kommt es zu einem *Moorausbruch*.

In Regionen, in denen es ständig regnet, die Sonneneinstrahlung hoch ist und es praktisch keinen Winter gibt, wie in Westgeorgien, können Moore auch mal bis zu vier Millimeter pro Jahr schaffen. In Deutschland findet man schnelles Moorwachstum nur in Kesselmooren. Sie liegen jeweils in einer isolierten Senke (Kessel). Darin sammelt sich in nassen Jahreszeiten Wasser aus der Umgebung. Wenn im Sommer der Wasserstand in der Umgebung schneller sinkt als im Moor, strömt das Moorwasser oberflächlich aus dem Moor und verstopft die Poren auf dem Übergang zum Mineralboden mit im Moor gebildeten organischen Substanzen. So baut das Moor selbst allmählich ein Riesengefäß um sich, das immer höher wächst. Und das Moor mit ihm.

Funde im Moor

nach Größenordnung

0,0000000001 m bis 0,0000001 m

Moleküle

Alkane, Triterpene, Lipide, DNA, ...

Kohlenstoffatome

Mikrometerbereich (µm) 0,000001 m bis 0,0001 m

nur unter dem Mikroskop gut sichtbar

Pollenkörner

Mikrofossilien

von Pilzen, Algen, Mückenlarven, Schalenamöben, Ruderfußkrebsen

Millimeter- bis Zentimeterbereich (mm–cm) 0,001 m bis 0,01 m

Großreste

Samen, Früchte, Fasern, Holz, Moose, Blätter, Wurzeln, Rhizome, Schnecken und Muscheln

0,1 m bis 1 m

mit dem Auge gut sichtbar

Goldener Helm von Deurne

Niederlande

silberner Kessel von Gundestrup

Dänemark

bronzener Sonnenwagen von Trundholm

Dänemark

Überreste von 300 Dodos

Mauritius

Verschluckte Geschichte

Die Urnahrung des Moores besteht aus Gas, Wasser und Licht. Daraus wachsen Pflanzen, die nach ihrem Absterben Torf bilden. Im Gegensatz zu Menschen scheidet ein Moor seine nur teilweise verdauten Essensreste aber nicht aus, sondern häuft sie unter, oder besser in sich, an: Es scheißt sich selbst hoch. Schicht für Schicht häufen die Pflanzenreste so die Geschichte der Landschaft chronologisch an. Vor Jahrhunderten schon schlussfolgerten Menschen aus Holzresten im Torf, dass die Wälder früher andere Baumarten hatten als heute, und führten Farbänderungen der Torfe auf Klimaveränderungen zurück (dunkler = wärmer/trockener, heller = kälter/feuchter).

Im Trebeltal bei Kirch-Baggendorf zum Beispiel erzählen Reste von Armleuchteralgen und Wasserhahnenfuß, dass das Moor anfänglich ein See war. Vor 12.000 Jahren begannen Rohrkolben, Seggen, Farne und gelbe Teichrosen das kalkreiche Gewässer zuzuwuchern – der See verlandete. Seitdem wuchs auch Fieberklee. Zudem lagerte die Schneide, ein sehr scharfes Sauergras, über Jahrtausende Torf ab. Nach 4.000 Jahren waren die Torfe so dick und die Wasserstände so stabil, dass sich ein Durchströmungsmoor bildete. Ganz besondere und heutzutage seltene Arten wie Dreizeiliges Bruchmoos, Glänzendes Filzschlafmoos und Schlammsegge siedelten sich an und lagerten sich in der obersten Hälfte des Torfkörpers ab. Diese schönen Lebensbedingungen hielten so lange an, bis der Mensch kam und das Moor entwässerte.

Seahenge

ritueller Ort aus 55 Eichenstämmen, Großbritannien

jungsteinzeitliche Siedlung

5.500 Jahre alter Feldkomplex bestehend aus geschätzten 100 km Steinwällen, Häusern und Megalithanlagen, County Mayo, Irland

100 m bis 1.000 m

Der Torf konserviert ebenfalls Blütenstaub, der auch von weit her angeweht wird und jährlich mit Tausenden Körnchen pro Quadratzentimeter auf das Moor fällt. Selbst Pollen von Oliven, der aus dem Mittelmeerraum angeflogen sein muss, haben wir im Jeeser Moor bei Greifswald gefunden. In den sich ändernden Mengen und Verhältnissen erzählen die Pollenkörner, wie die Menschen früher mit der Landschaft weit um das Moor herum umgegangen sind.

Etwas ganz anderes hat sich das Moor in Helenaveen in den Niederlanden gegönnt: Es verschluckte aus Versehen einen römischen, goldenen Helm. 1910 fanden ihn Torfstecher und aus den beiliegenden Kleinmünzen wurde geschlussfolgert, dass er um 320 ins Moor geraten sein musste. Alsbald machte die Geschichte die Runde, dass ein römischer Zenturio mitsamt Helm und Pferd im Moor ertrunken war, nachdem ihn Bauern gejagt hatten. Systematische Forschung blieb jedoch aus. Der Fundplatz wurde abgetorft, abgebrannt und letztendlich zu Ackerland umgepflügt.

Kilometerbereich (km)
10.000 m, mit dem Fernglas
gut überschaubar

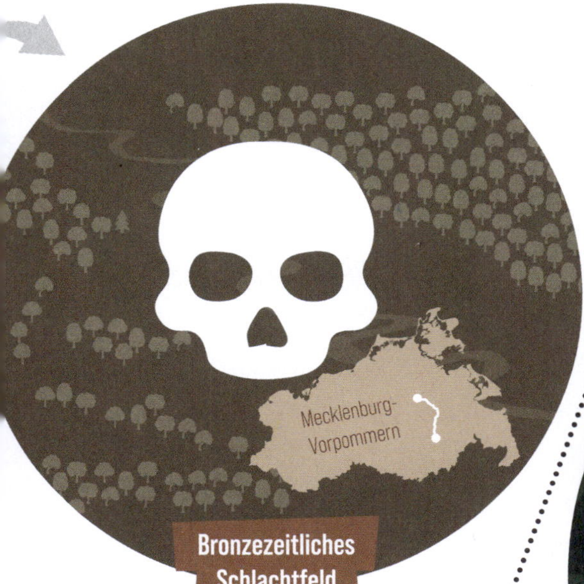

Bronzezeitliches Schlachtfeld

Tollensetal, Deutschland, mutmaßlich einer der größten und ältesten Kriegskonflikte weltweit

Bohlenwege

wie der eisenzeitliche Bardenflether Bohlenweg im Ipweger Moor, Oldenburg, 6,5 km lang

Fast 100 Jahre später kam man der Wahrheit durch minuziöse Torfkrümelanalyse näher. Mikrofossilien, die in den Nähten des zugehörigen Leders gefunden wurden, zeigten, dass die Torfschicht am Fundort damals nur einige Dezimeter dick war und somit nicht tief genug, dass ein Mensch, geschweige denn auch sein Pferd, darin hätte ertrinken können. Wahrscheinlicher ist, dass jemand versucht hat, den Helm dort zu „entsorgen". Mysteriös.

Der zwangsernährte Menschenfresser

Es sind Unmengen an menschlichen Leichen im Moor gefunden worden, in Europa etwa 2.000. Manche sind nur noch knochige Skelette, während bei Moormumien Haut, Fleisch und Haar erhalten geblieben sind. Früher meinte man, dass die Moorleichen von Menschen stammen, die sich verirrt hatten, versunken und ertrunken waren. Moore wurden zu Menschenfressern erklärt. Neueste Forschung zeigt aber, dass dies üble Nachrede war – die Moore wurden zum Menschenessen gezwungen.

Die Toten im Moor sind verstorbene (manchmal hingerichtete) Personen, die gegen soziale Konventionen verstoßen hatten und nicht auf einem »normalen« Friedhof bestattet werden durften. Einige wurden nach gängigen Bräuchen auf nassem Land beerdigt. Bei anderen handelt es sich um rituelle Opfer, Opfer von Straftaten, oder Unfalltote unter tückischen Umständen (zum Beispiel Erfrieren oder Ertrinken in offenem Wasser). So wurde beispielsweise der in Dänemark gefundene Grauballe-Mann durch einen vom einen bis zum anderen Ohr reichenden Kehlenschnitt getötet. Daneben weisen seine Schädel- und Schienbeinbereiche lebensbedrohliche Mehrfachverletzungen auf. Die gepflegten Hände, Fingernägel und Haare des 34-Jährigen zeigen, dass er zur Oberschicht gehört hatte. Offenbar hat man den Grauballe-Mann mehrere Tode sterben lassen, möglicherweise um den Übergang vom Leben zum Tod im Moor zu würdigen.

Obwohl beinahe jede Moor-Todesgeschichte so aufregend ist, kennen wir kein einziges gut belegtes Beispiel, dass ein Mensch versehentlich in einem natürlichen Moor versunken ist.

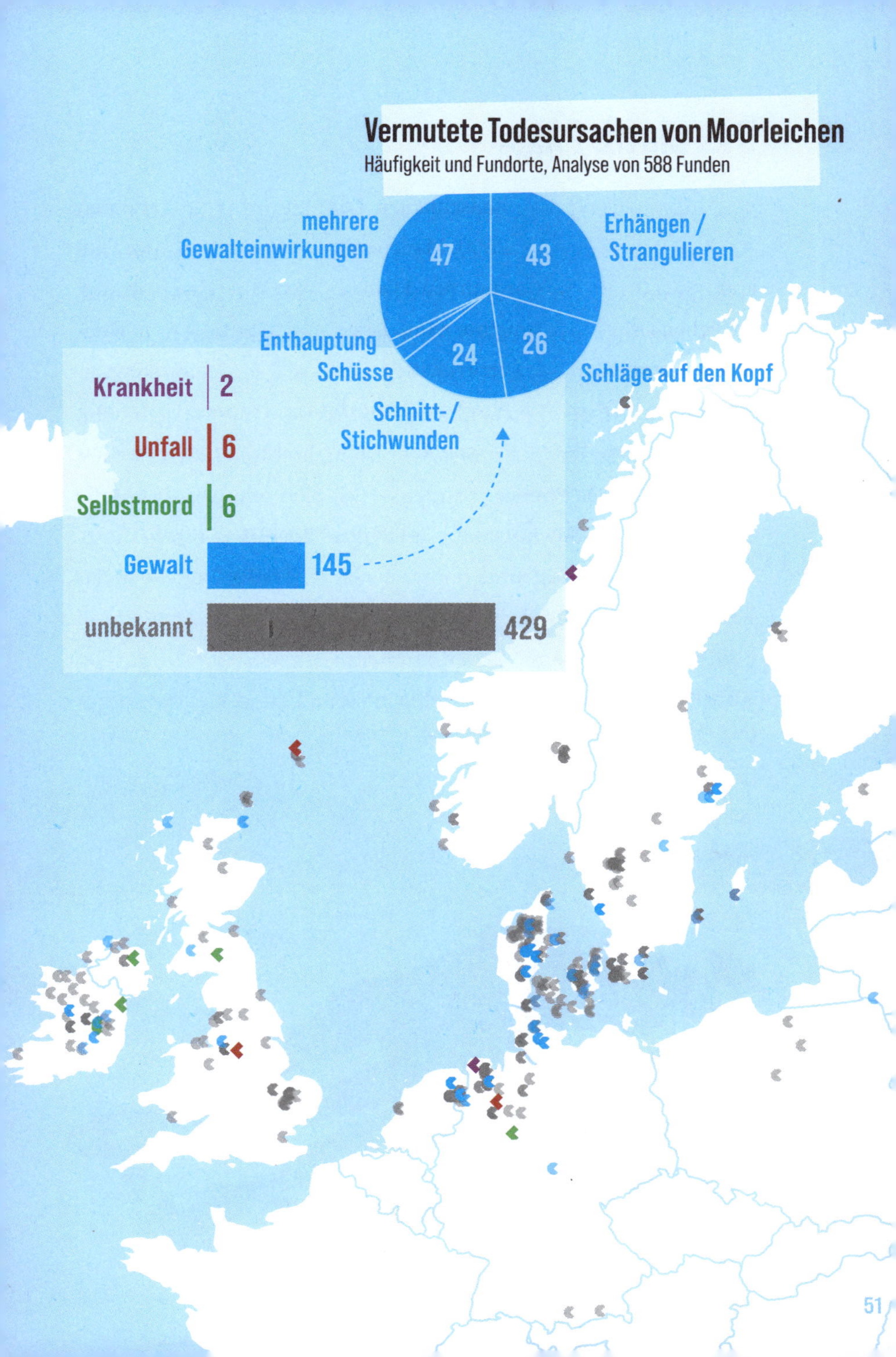

Vermutete Todesursachen von Moorleichen
Häufigkeit und Fundorte, Analyse von 588 Funden
mehrere Gewalteinwirkungen
47
43
Erhängen / Strangulieren
Enthauptung
Schüsse
24
26
Schläge auf den Kopf
Schnitt-/ Stichwunden
Krankheit 2
Unfall 6
Selbstmord 6
Gewalt 145
unbekannt 429

Das platte Paar

Am 29. Juni 1904 fand der Torfstecher Hilbrand Gringhuis zwei Leichen im Weerdingerveen im niederländischen Drenthe und rief die Polizei. Die beiden Personen wurden ausgegraben und, da sie wie alle Schichten im Moor platt gedrückt waren, einfach zusammengerollt, in ein Kästchen gepackt und (nach einem Zwischenstopp in der Leichenhalle) ins lokale Museum gebracht. Wie die beiden da so Arm in Arm lagen, konnte es sich nur um ein romantisches Ehepaar handeln – was sich sehr positiv auf die Besucherzahlen des Museums auswirkte. Begeistert fotografierte auch der Archäologe und Fotograf Geert Jannes Landweer das Paar und schickte dem Bürgermeister von Emmen Abzüge mit den Worten: »Wie Sie sehen können, ist das Foto sehr gut geworden. Die männlichen Geschlechtsteile hätten viel besser zur

Geltung kommen können, aber das hätte das ehrbare Aussehen des Bildes auch gemindert. Jetzt kann es allen jungen Mädchen gezeigt werden.« Wie zuletzt DNA-Untersuchungen ergaben, waren die männlichen Geschlechtsteile tatsächlich nicht gut rausgekommen: Bei dem Paar handelte es sich schlicht und ergreifend um zwei Männer.

Dies ist immer noch sehr romantisch, da aber Einstiche und Schnittwunden auf die Todesursache hindeuteten und es ähnliche Funde gegeben hat, erinnert es schmerzhaft an den Aufsatz des römischen Historikers Tacitus. Darin schrieb er, die Germanen hätten Verbrechen zeigen und Unsittlichkeiten verstecken wollen. Während sie Verräter und Deserteure an Bäumen erhängten, versenkten sie Feiglinge, Weichlinge und »corpore infames« in Schlamm und Morast. Dieses *corpore infames* kann man interpretieren als die, die ihre Körper schändlich missbrauchen, und das wurde prompt von den Nazis instrumentalisiert. 1937 behauptete Himmler vor der Waffen-SS, in 90 Prozent der Fälle seien Moorleichen ertränkte Homosexuelle. Tacitus könnte aber auch andere körperliche Taten gemeint haben, die damals als schändlich betrachtet wurden.

Und heute? Taylor Coyne, Doktorand der University of New South Wales, sieht in dem feuchten Ort etwas ganz anderes. Das lustvolle Stöhnen im Dickicht der Lachlan-Sümpfen Sydneys steht für ihn für Befreiung und Trost in einer noch immer unterdrückenden Gesellschaft.

Im Moor versinkt man nicht …

… es sei denn, man stellt sich sehr ungeschickt an. Die Erklärung dafür ist allerdings nicht die Dichte – wie zum Beispiel die Tagesschau behauptet.

Die Theorie: Alles, was eine höhere Dichte als du hat, trägt dich, jedenfalls zum Teil. Beispielsweise liegt die Dichte des Wassers im Toten Meer mit 1,24 Kilogramm pro Liter weit über der eines Menschen von 0,98 bis 1,02 Kilogramm pro Liter. Deshalb bleiben 20 Prozent eines Menschenkörpers über Wasser, wenn er im Toten Meer treibt. Vom Moor wird auch oft behauptet, es hätte eine größere Dichte und dass du deshalb nicht darin versinken kannst. Jedoch beträgt die Dichte der Moormasse (welche größtenteils Wasser ist!) lediglich 1,003 Kilogramm pro Liter und liegt somit nur knapp über der eines Menschen. Rein rechnerisch würde dein Körper zu 99,7 Prozent ins Moor sinken und du hättest nur noch die Wahl, welche 0,3 Prozent du über dem Moor halten möchtest.

Die Praxis sieht aber anders aus: Die Pflanzenstruktur hält dich! Ein Moor hat an seiner Oberfläche ein Geflecht von mehr oder weniger tragenden Pflanzenwurzeln – eine Struktur wie eine Haut auf Pudding. Solche Faserstrukturen finden sich auch in größerer Tiefe. Meist hält dich dieses Fangnetz sehr gut, aber manchmal hat es schwache Stellen. Alle Bereiche ohne höhere Pflanzen solltest du mit Vorsicht genießen: Schlammflächen, puren Moosrasen, kahlen Torfboden (auch wenn er trocken aussieht, es kann sich um oberflächlich ausgetrockneten Schwingrasen über einem tiefen Loch handeln!), offenes Wasser solltest du meiden. Die kannst du aber gut erkennen.

Solltest du dennoch auf genau so eine schwache Stelle treten, kannst du dich trotzdem noch retten. Du musst dein Gewicht nur gleichmäßig über die Mooroberfläche verteilen. Kurz gesagt: Leg dich flach hin! Wenn du mit viel Körperfläche auf die Puddinghaut kommst, kannst du dich durch den Schmutz rausrobben. Du siehst nachher sicher aus wie ein Schwein, aber dafür kommst du heil nach Hause.

Körperanteil über der Oberfläche
in Prozent

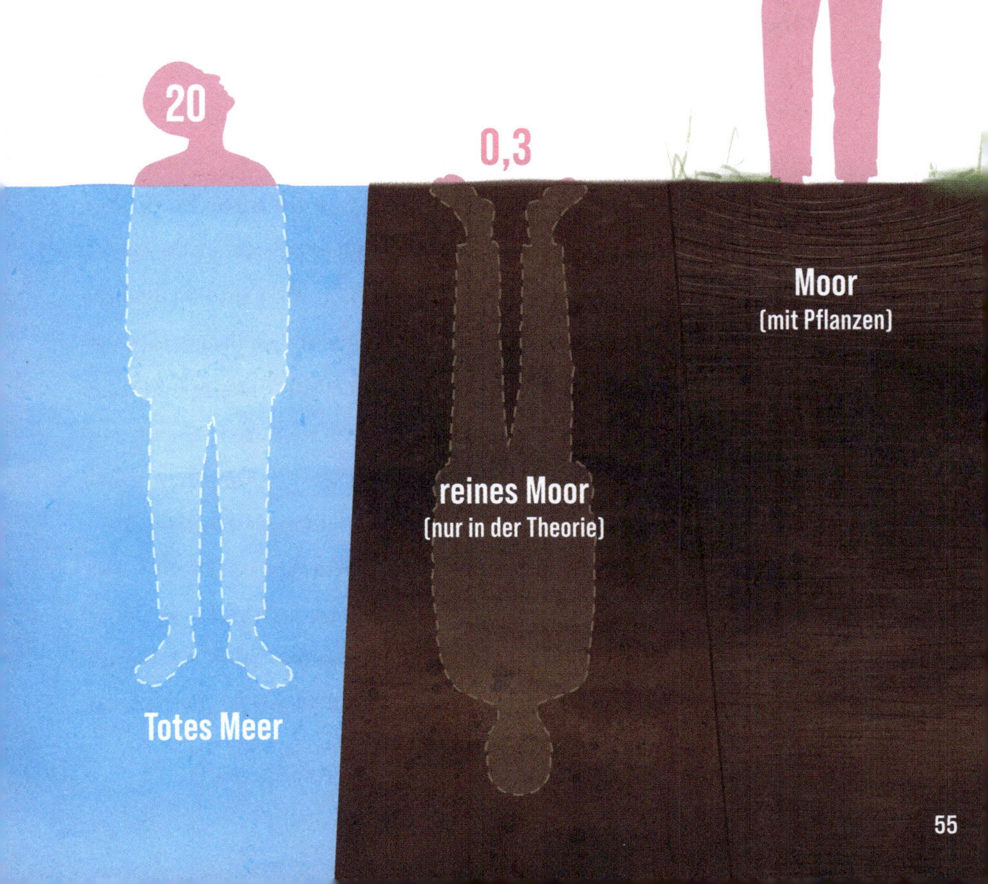

Pupse, die stinken, und Pupse, die nicht stinken

Frans Martens, ein Bursche aus Hans' Nachbardorf in den Niederlanden, radelte eines schönen Tages gerade ein bisschen durch die Gegend, da fiel er plötzlich ohnmächtig mit seinem Fahrrad um. Der Pups eines nebenliegenden Moores hatte ihn umgehauen.

Dabei war der Geruch für den armen Frans nichts Neues. In den Pupsen von Menschen und denen von Mooren ist eigentlich das Gleiche drin: Schwefelwasserstoff, auch bekannt als »Geruch von faulen Eiern«. Und genauso, wie beim Menschen Pupse stinknormal sind, erkennt man auch an den Pupsen eines Moores, dass sein Stoffwechsel gut funktioniert.

Der Schwefelgeruch zeigt an, dass das Moor mit Wasser vollgesogen ist und kein Sauerstoff in den Torf eindringt. In diesen sauerstoffarmen Bedingungen leben ganz besondere, winzige Kreaturen namens *anaerobe Mikroorganismen*. Gelangt Schwefel in Form von Sulfat – über den (sauren) Regen, das Meer oder das Oberflächenwasser – in ein Moor, sind sie es, die das Molekül umbauen. Ein kleiner Teil vom Schwefel entweicht gasförmig als Schwefelwasserstoff. Das sind zwar unglaublich kleine Mengen, aber Menschen sind sehr anfällig für den Geruch, denn Schwefelwasserstoff ist stark giftig. Es erschwert die Sauerstoffaufnahme und unsere Nase möchte uns beschützen. Frans Martens seinerseits mied seit seinem kleinen Unfall den Feldweg entlang des Moores.

Es steckt natürlich noch viel mehr in einem Moorpups! Und zwar Methan – das sind die Pupse, die man zwar nicht riecht, aber anzünden kann. Ein anderer Bursche aus Hans' Dorf hat beim Anzünden des Pupses einer seiner Kühe seine Scheune abgefackelt.

Eben diese Pupse, die man weder riecht, noch sieht, sind dennoch in aller Munde. Denn Methan ist ein sehr potentes Treibhausgas und macht klimainteressierten Menschen aktuell viel Angst. Mehr Methan in der Atmosphäre bedeutet, dass sich unser Planet mehr aufheizt. Denkt man jedoch wie ein Moor, ist die Sache mit dem Methan gar nicht so ein großes Ding.

Ist ein Moor nass, dringt kein Sauerstoff in den Boden ein. Dann ersticken die winzigen Mikroorganismen, die Sauerstoff brauchen, so wie auch Feuer erlischt, wenn es keinen Sauerstoff bekommt. Dann werden andere Mikroorganismen aktiv. Statt Sauerstoff nutzen sie Nitrat, Mangan, Eisen oder Sulfat zur Energieerzeugung. Wenn diese aber auch verbraucht sind, fangen spezialisierte Mikroorganismen an, Pflanzenmaterial mit Pflanzenmaterial zu verbrennen – das ist genauso aufwändig und wenig ergiebig wie es sich anhört. Dabei entsteht Methan, welches als Gas das Moor verlässt. Für das Klima machen diese Methanemissionen jedoch keinen großen Unterschied, da in der Atmosphäre das Methan vergleichsweise schnell wieder abgebaut wird und jährlich genauso viel verschwindet, wie neu ausgestoßen wird. Das Klima heizt sich also nicht weiter auf. Im Gegenteil: Weil nasse Moore mit ihrer Torfbildung CO_2 festlegen, verringern sie die CO_2-Konzentration in der Atmosphäre kontinuierlich. Dadurch kühlen Moore das Klima, auch wenn sie Methan ausstoßen. Kühe sind da anders: Sie rülpsen auch Methan aus, legen aber kein CO_2 fest. Deshalb sind Kühe schlecht fürs Klima und nasse Moore nicht.

Die letzten Irrlichter Deutschlands

Zu guter Letzt noch zu einem Moorpups, bei dem man nicht ganz sicher sein kann, ob es tatsächlich ein Pups ist:

»Ganz in der Nähe der Stadt Greifswald wurden an einem äusserst warmen und schwülen Juliabend 1901 gegen ½ 11 Uhr auf einer Moorstelle am rechten Ryckufer etwa 30-40 blasse und hüpfende Flämmchen beobachtet, von denen nur 3-4 grösser als anscheinend 2-3 cm waren. Diese Erscheinung wurde mehr als 30 Minuten gesehen, und es unterliegt – nach der genaueren Beschreibung der Beobachter zu urteilen – keinem Zweifel, dass es sich in diesem Falle um wirkliche Irrlichter handelte.«

Aus Mooren in Deutschland ist seitdem keine weitere Sichtung von Irrlichtern bekannt. Das mag drei Gründe haben. Erstens gibt es viel weniger nasse Moore. Zweitens gibt es viel weniger Finsternis. Und drittens geht keine Sau mehr nachts ins Moor. Der Naturforscher Floericke notierte dazu treffend: »Am Schreibtisch oder im Museumsschrank lassen sich natürlich keine Irrlichter beobachten …«

Daher weiß bis heute keiner, was die Leuchterscheinungen in Mooren wirklich sind. Glühwürmchen? Entzündete Sumpfgase? Sowohl Methan als auch Schwefelwasserstoff können mit blauer Flamme brennen. Aber wer weiß, Phosphine vielleicht? Glaubt man den Legenden, handelt es sich bei den Lichtern um die Seelen von unglücklich Verstorbenen. Wer sich also gerne die Nächte um die Ohren schlägt, hat hiermit seinen perfekten Forschungsgegenstand gefunden – sobald wieder genügend Moore dafür nass sind.

Begriffe für Irrlichter
regional
Mecklenburg
Irdflämmken, Irdlicht, Flämmstirn, Flackerfür
Pommern:
Dwerlicht, lopend Für
Schleswig-Holstein
Tümmelding, Dwerlicht
Braunschweig + südliche Altmark
Dickepoi, Huckepot, Tückebote, Tückeboldle
Niederrhein + Westfalen
Irrlüchte, Irrfackel, Dwallicht, Quadlicht, Wipplötsche, Dröglicht
Oldenburg
Spoklecht
Niederlausitz
Erlwischchen
Sachsen
Irreding
Hessen
Heerwisch
Hannover + Harz
Stöltenlicht, Stölkenlicht
Nassau
Druckfackel
Vogtland
Irrflämmchen
Baden-Württemberg
Schäuble, Stäuble
Schweiz
Zunselwible, Füersteinmannli
östliche Alpen, Böhmerwald:
Buchelmännle, Fuchtelmännlein

Peatlands of Colour

Das Wort schwarz ist eng mit Mooren assoziiert. Nicht umsonst nennen die Mestizos im peruanischen Amazonas-Regenwald das dunkle Moorwasser »Coca Cola«. Der Torf selbst, schwarzes Eisensulfid, Schwarzerle und Schwarz-Fichte bieten genug weitere Gründe, im Moor schwarz zu sehen.

Eigentlich sind alle Moore irgendwie grün. Kein Wunder: Auch Moorpflanzen betreiben Fotosynthese mit grünem Chlorophyll. Aus seiner »Grünheit« lässt sich der Zustand des Moores ableiten. Besuchende des schottischen Flow Country und des kanadischen Grande Plée Bleue sind dazu angehalten, die Moore mit ihrem Handy zu fotografieren. Anhand des sich übers Jahr verändernden Grüns wollen Forschende verstehen, wie viel Kohlenstoff das Moor speichert und wie es auf den Klimawandel reagiert.

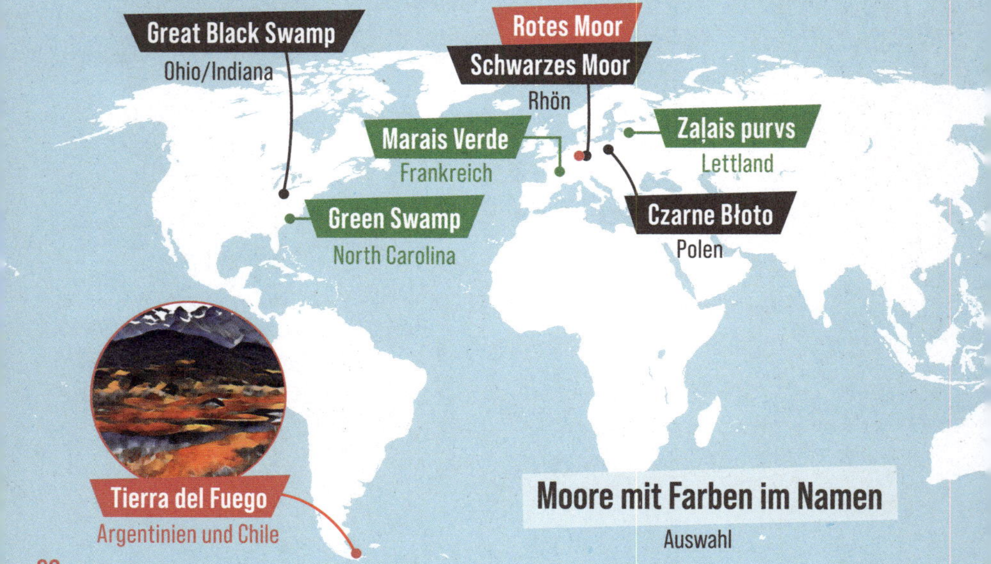

Moore mit Farben im Namen

Auswahl

Wörter, die glänzend oder weiß bedeuten, finden sich ebenso in vielen Moornamen und -wörtern wieder. Zum Beispiel *biały* auf Polnisch und *Blänke* auf Deutsch. Der hohe Wassergehalt und die Blätter der Seggen verleihen vielen Mooren ein glänzendes Aussehen, während Wollgräser und Birken für eine auffallend weiße Farbe sorgen. Außerdem färben Torfmoose sich beim Austrocknen weiß, was ihnen im Deutschen und Schwedischen den Namen *Bleichmoose* bzw. *vitmossor* beschert hat. Torfmoosmoore in Finnland heißen sogar gleich *Weissmoore*. Die Helligkeit der offenen Moore war das verbindende Konzept in der ansonsten finsteren Waldlandschaft, die in weiten Teilen Europas vor der Jungsteinzeit herrschte. Es ist möglich, dass zum Beispiel die Namen des Plattensees (Balaton, Ungarn) oder der Ostsee (Mare Balticum) sprachhistorisch mit Mooren zusammenhängen.

In manchen Sprachen sind die Wörter für *Moor* und *Rot* ähnlich. Das litauische *purvs* für Moor wird mit dem Altgriechischen *πυρρος* (»rot, rosa, bräunlich rot«) in Verbindung gebracht. Das polnische und ukrainische Wort *ruda* beziehungsweise *руда* bedeutet sowohl »Torf« und »Sumpf« als auch »Eisenerz«. Diese Assoziation könnte vom rötlichbraunen, humusreichen Moorwasser stammen. Eine andere Erklärung wäre das Grundwasser, das in Niedermooren (und am Hochmoorrand) abfließt. Es ist oft reich an Eisen, welches an der Luft oxidiert und als rotes Eisen ausfällt. Dieses war die Hauptquelle für Eisen während der Eisenzeit in Nord- und Mitteleuropa (Mooreisen oder Raseneisenerz). Und schon lange zuvor war der daraus gewonnene Ocker ein bedeutendes Pigment, wie die zehntausend Jahre alten Zeichnungen von Bisons und Pferden aus Altamira und Lascaux bezeugen. Andere Moore heißen rot, weil sie von roten Torfmoosen dominiert werden.

Voll pubertär

Wirklich zum Vorschein kommt der wahre Charakter eines Hochmoores erst in dem Moment, in dem es sich von seiner Mutter Erde trennt: In seinem großen Schritt zur Selbstständigkeit wird das Moor sauer.

Wie bei jungen Menschen in der Pubertät, ist diese Phase des Lebens höchst komplex und von außen meist schwer zu begreifen. Ein paar Veränderungen lassen sich jedoch einfühlsam nachvollziehen: Während das Moor wächst, wird ein Teil des organischen Materials von Bakterien und Pilzen mithilfe von *Sauer*stoff (O_2) zersetzt und Säure ins Moor abgegeben. Dann kommt noch der Regen von oben, der in der Luft Kohlendioxid (CO_2) aufnimmt und damit Kohlensäure (H_2CO_3) ins Moor bringt. Und dann sind da noch die Torfmoose, die die Stimmung richtig runterziehen. Um das fürs Leben notwendige Calcium und Magnesium einzufangen, geben diese Moose im Austausch H^+-Ionen ins Wasser ab und machen das Moor damit oft so sauer wie eine Grapefruit. Da verschwinden die Hochgefühle, das Moor wird verdrießlich und verliert seine Heiterkeit und kindliche Artenvielfalt. Aber es kriegt etwas dafür zurück: mehr Unabhängigkeit, mehr Selbstvertrauen, mehr Stabilität.

Nicht jedes Moor versauert, manche Niedermoore bleiben auch ihr Leben lang fröhlich und reich. Allerdings auf Kosten ihrer Selbständigkeit: Sie bleiben abhängig von pufferndem Wasser von draußen, vom Einzugsgebiet, was ihrer unvermeidbaren Tendenz zur Versauerung entgegenwirkt. Jedoch werden solche

pH-Werte von Mooren

Schwerpunkt

Moore gern für die Landwirtschaft entwässert und sind immer seltener.

Innerhalb eines Moores kann die Sauerkeit von Stelle zu Stelle auch so unterschiedlich sein, dass es manchmal selbst nicht mehr weiß, wie es ihm denn nun eigentlich geht. Aber das ist auch okay und bleibt bei manchen ein Leben lang.

Von faul bis abenteuerlustig

In ihrer Jugend, die durchaus Jahrhunderte dauern kann, kristallisiert sich langsam heraus, welche Moore aktiv und welche passiv sind.

Verlandungsmoor

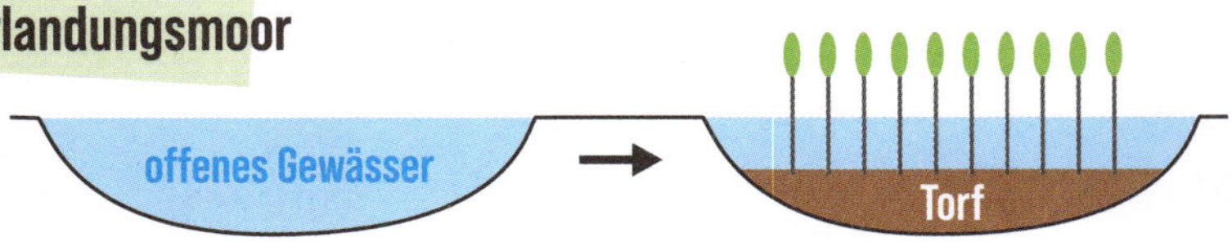

Wasseranstiegsmoor

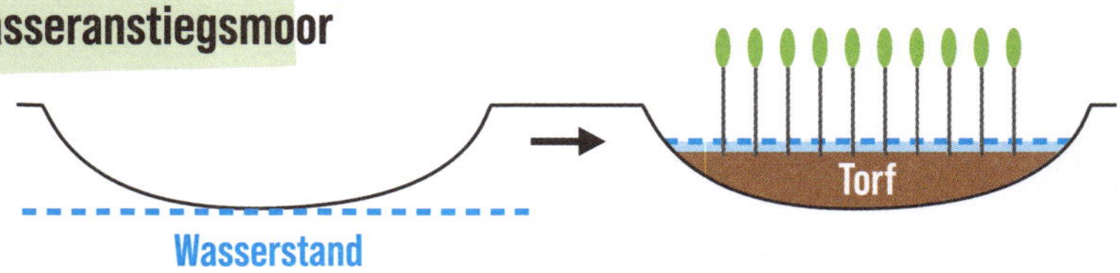

Verlandungs- und Wasseranstiegsmoore sind faule Schweine. Sie hängen in vorgefertigten Wasserbecken herum und füllen sie langsam auf. Sind ihre Becken voll, hören sie einfach auf zu wachsen. Diese Moore verdrängen das Wasser und verringern damit die Wassermenge in der Landschaft. Sie wachsen nur noch weiter, wenn sie von außen dazu gezwungen werden: also wenn der Wasserstand steigt infolge von Meeresspiegelanstieg, Klimaänderung, oder Wasseranstau durch Mensch und Biber. Ihnen fehlt jeglicher eigener Antrieb.

Da sind Strömungsmoore völlig anders. Sie nehmen ihr Leben selbst in die Hand und steigern sich ins Moor-Sein richtig rein. Strömungsmoore verlangsamen die Wasserströmung mit ihrer Vegetation und ihrem Torf und stauen das Wasser so an. Der Wasserstand steigt nicht nur im Moor selbst, sondern auch in seiner Umgebung, die dadurch nasser wird. Diese Moore schaffen sich so ein Umfeld, in dem sie praktisch ewig weiter wachsen könnten. Sie bleiben aber dabei abhängig von ihrer Umgebung, die ihnen Wasser bereitstellt. Zwei dieser Typen, Durchströmungsmoore und Überrieselungsmoore, sind sehr wählerisch. Sie kommen nur an Stellen mit einem sehr üppigen und regelmäßigen Wasserangebot vor. Sie können den eigenen Wasserstand nur schwer selbst stabilisieren, wenn es zu wenig oder zu viel Wasser gibt.

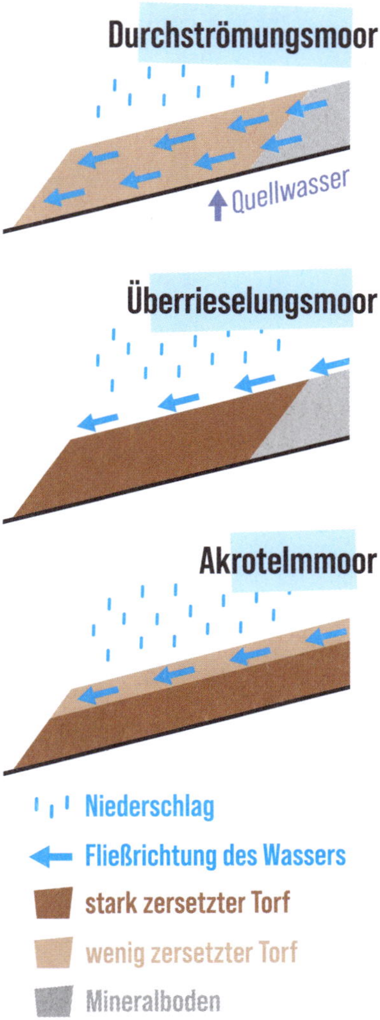

Der dritte in der Strömungsmoor-Gang ist das Akrotelmmoor. Akrotelmmoore sind Macher, sie können sich selbst am Leben erhalten und sind damit wirklich spannende Wesen. Unsere klassischen Hochmoore zählen dazu. Um unabhängig von Änderungen im Wasserangebot zu sein, haben sie raffinierteste Techniken entwickelt. Diese gucken wir uns später an. Fürs erste reicht festzuhalten, dass sie Wege gehen, die kein anderes Moor wagen würde. Sie werden größer und überschreiten nie geahnte Grenzen.

Altersverteilung von Mooren und Menschen

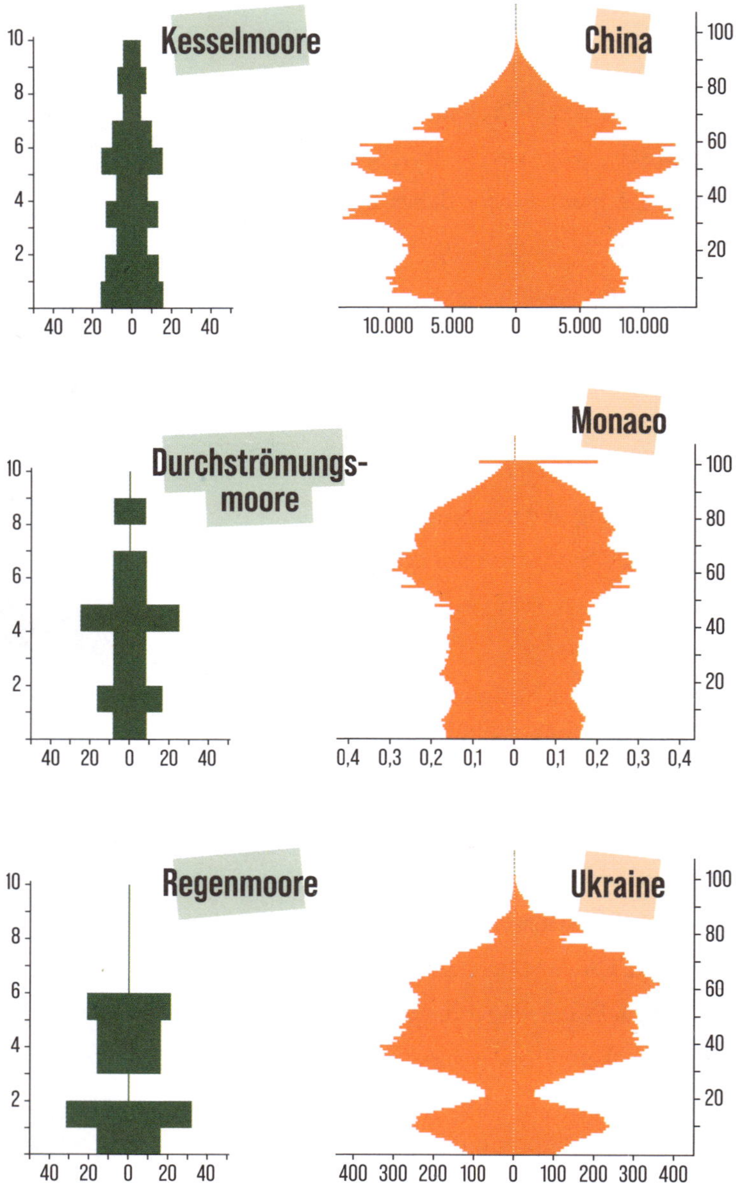

Altersstruktur von Mooren

verschiedener Moortypen (20. Jahrhundert)

Altersstruktur der Bevölkerung

verschiedener Länder (2022)

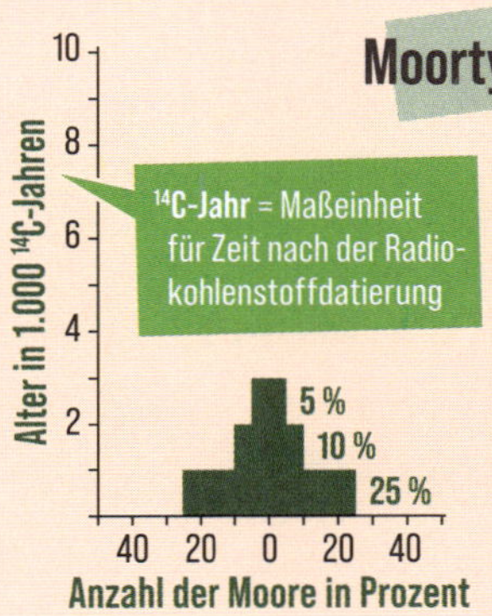

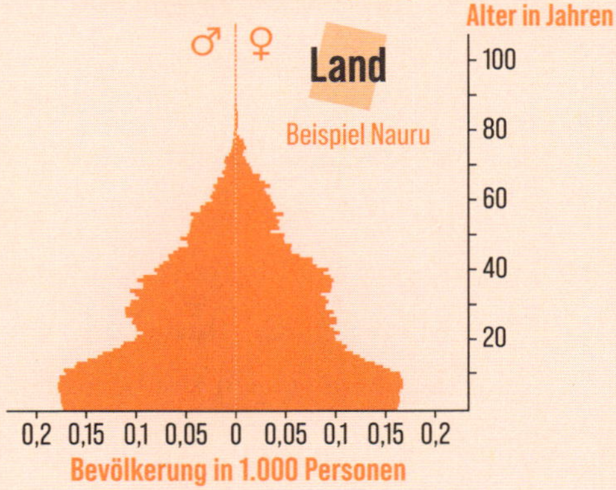

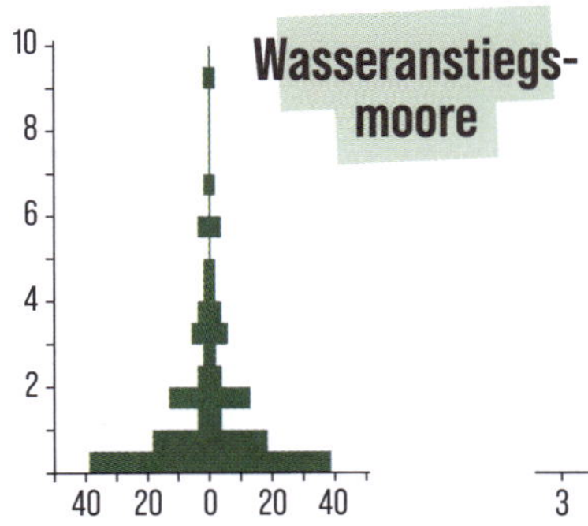

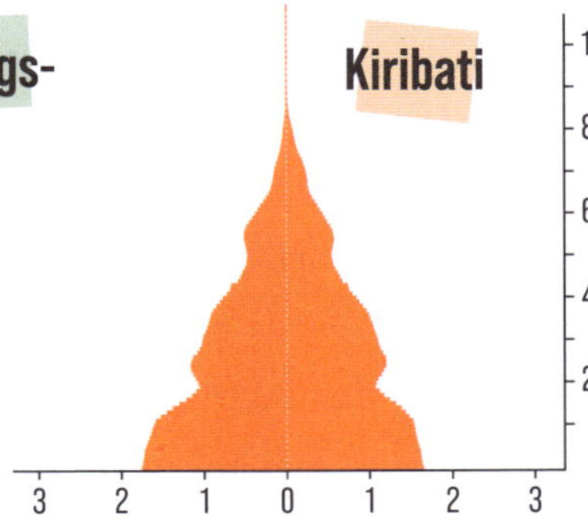

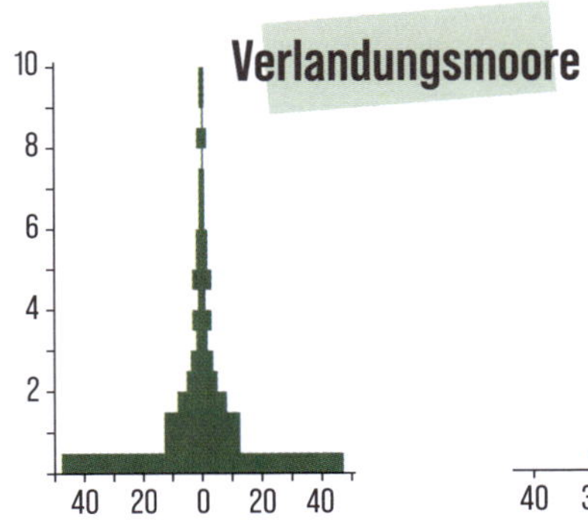

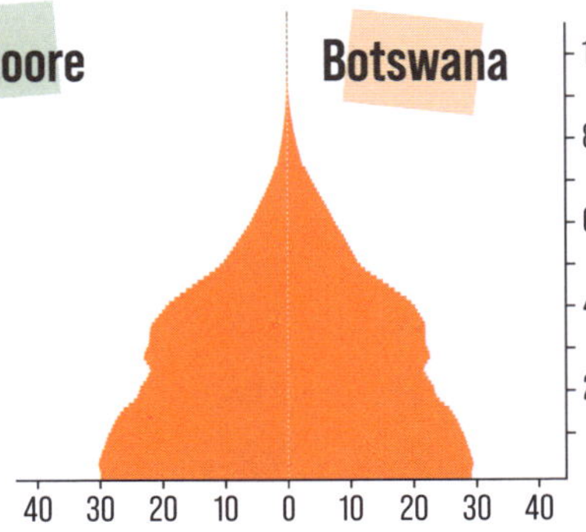

Rangkämpfe

Richtig große Moore sind meist Komplexe von Einzelmooren, die unabhängig voneinander entstanden und sich dann begegnet sind. Und Moore sind bei solchen Begegnungen rigoros!

Wenn zwei Moore aufeinander treffen, überwächst das kräftigere Moor oft das schwächere. Vor allem Hochmoore neigen dazu, andere Moortypen zu überrollen und komplett zu verschlucken.

Sind die Moore gleich stark, schaukeln sie einander hoch. In Kirch Baggendorf wuchs im Tal ein Durchströmungsmoor auf, welches die Quellmoore am Talrand zwang, immer höher auszutreten, wodurch auch das Durchströmungsmoor selbst viel höher wachsen konnte. Gemeinsam erreichten sie Höhen, von denen sie alleine nie geträumt hätten.

Wirklich bemerkenswert in seinem Ausmaß und seiner Stärke war der ehemals größte Hochmoorkomplex des europäischen Festlandes: das Bourtanger Moor. Heute fast vollkommen vernichtet, lassen sich nur noch Geschichten über diese Moorlegende erzählen. Einst lagen dort auf der Grenze von Deutschland und den Niederlanden etwa ein Dutzend individuelle Hochmoorkuppeln von jeweils vier bis fünf Kilometer Durchmesser. Diese versuchten, sich weiter auszubreiten, aber als sie aufeinanderstießen, schafften sie es nicht, miteinander zu verschmelzen. Eine derart große Fläche muss schließlich irgendwie sein Wasser loswerden. So zwangen die Einzelmoore das Oberflächenwasser, zwischen den Kuppeln abzufließen, und das Grundwasser, an ihren Rändern hochzukommen. Dies kreierte das Zwartemeer, einen Moorsee, und bestimmte den Lauf eines Flusses, der Runde. So enstand auch der einzige Standort in den Niederlanden, an dem jemals der goldblumige Moor-Steinbrech gefunden wurde, eine auch international äußerst seltene Pflanzenart. So führt auch bei Mooren Kooperation oft zu schöneren Sachen, als wenn sie versuchen, einander zu übertrumpfen.

Bourtanger Moor

Um 1800

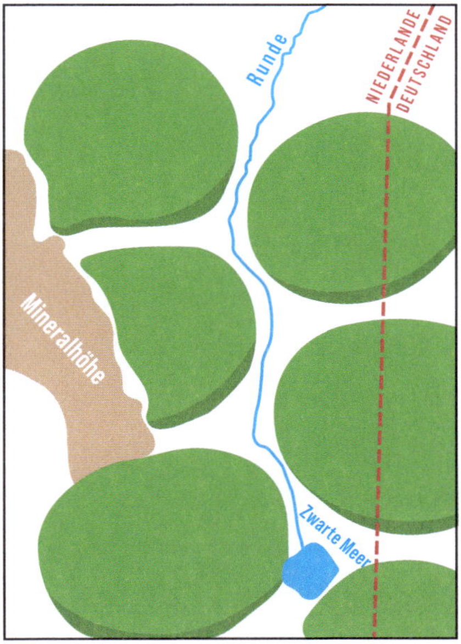

2024

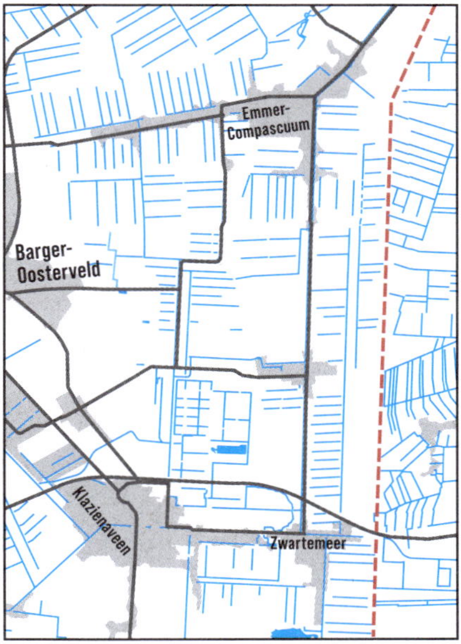

© OpenStreetMap

Hochmoorkuppel
heutige Ländergrenze
Straße
Siedlung
Entwässerungsgräben/Kanäle

Wie macht man es im Moor? – ein Quartett

Die Bienen-Ragwurz imitiert mit ihren Blüten das Aussehen einer Biene und versucht sie so zum Sex anzulocken – was in letzter Zeit leider recht selten klappt. Deshalb hat die Bienen-Ragwurz mittlerweile gelernt, sich selbst zu bestäuben. Sie krümmt ihre Pollinien nach unten, bis diese die Narbe berühren. Eine solche Form der Selbstermächtigung ist in ihrer Gattung einzigartig.

Mit sexueller Fortpflanzung sichert man sich ab in einer unsicheren Welt. Gestresste Sumpffarne vermehren sich über das Erbgut zweier Elternpflanzen. Wenn die Umwelt friedlicher wird, erlischt der Sexualtrieb. Sie vermehren sich dann nur noch vegetativ in exakt gleichen Abbildern ihrer Mutterpflanze – das kostet einfach weniger Ressourcen.

Seggenrohrsängerinnen haben mit mehreren Männchen direkt nacheinander Geschlechtsverkehr. Ihre Brut stammt so meist von mehreren Vätern. Die Jungen ziehen sie allein groß. Leider steht der zierliche Singvogel in Deutschland kurz vor dem Aussterben.

Die Blütenstände von Seggen, einer typische Moorpflanzenfamilie, sind sehr verschieden. Es gibt welche, die nur aus einer einzigen Ähre bestehen, die entweder männlich oder weiblich ist. Oder solche, die mehrere gleichgeschlechtliche Ähren besitzen. Es gibt aber auch welche, die neben ihren männlichen Ähren weibliche Ähren besitzen – und genau diese gibt es in großem Artenreichtum.

Nur wenige Kiemenschlitzaale sind ihr ganzes Leben männlich. Die meisten werden das erst nach vier Jahren als Weibchen. Die eleganten Fische leben in tropischen Sumpfwäldern. Im sauerstoffarmen Wasser holen sie an der Oberfläche Luft und stehen dann senkrecht da, die Schnauze über Wasser und den Schwanz abgewinkelt am schlammigen Boden.

Eigentlich hat der Moorfrosch die gleiche Farbe wie das Moor: matschbraun. Doch in der Paarungszeit nehmen die Männchen für wenige Tage eine leuchtende Farbe an. Dann ist der flache Uferbereich gefüllt mit aufgetakelten, blauen Froschmännchen. Da soll noch mal einer sagen, Frösche seien grün.

Erkenne ein Moor aus dem All

2012 erkannten Forschende in Greifswald auf Google-Earth-Bildern ein vertrautes Muster im Kongobecken. Sie schlussfolgerten: Dort muss ein Moor sein! Und Tatsache, 2017 verkündete ein Team aus Großbritannien und der Republik Kongo in einem Forschungsartikel, dass sie dort ein riesiges Moor gefunden haben.

Hier drei Tipps für die Moorsuche von der Couch aus:

1. Moore halten sich am liebsten in Tälern und flachen Gegenden auf – oder nah am Meer oder entlang von Flüssen.
2. 3D-Modus nutzen! Im Vergleich zu anderen Ökosystemen in der gleichen Region sind Moore meist ärmer an Pflanzenarten. Farbe und Struktur der Oberfläche erscheinen somit eher gleichmäßiger. Am Rand sind die Bäume oft größer und stehen näher zusammen, wohingegen das Zentrum nasser und deshalb offener oder sogar baumlos ist.
3. Ein Moor besteht weitestgehend aus Wasser und Wasser macht keine Sprünge. Moore haben also eine flache oder sich nur sehr allmählich neigende Oberfläche. Diese Neigung lässt sich von Satelliten aus mit Radar feststellen. Vor allem die leichte Kuppelform von Hochmooren lässt sich ausgezeichnet damit erfassen.

Für den Beweis musst du aber doch von der Couch aufstehen. Ein Satellitenbild zeigt nur die Oberfläche, während es im Moor auch um Inhalt und Tiefe geht. Und für die musst du dir einen Torfbohrer auf den Rücken schnallen und losziehen.

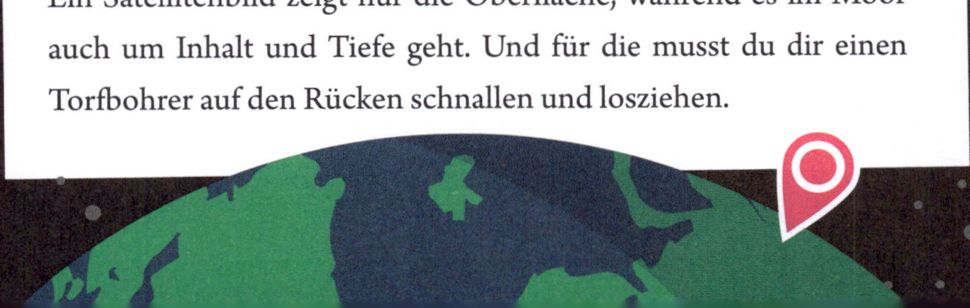

MOORE
AN DIE MACHT

Sturköpfe, Egoisten und Geizhälse

Als die Menschen noch ausschließlich vom Jagen und Sammeln lebten, beeinflussten sie nur die Pflanzen- und Tierwelt. Dann erfanden sie die Landwirtschaft, griffen in Wasserhaushalt und Relief der Landschaft ein. Heute verändern wir sogar das weltweite Klima.

Die Moore haben Ähnliches geleistet. Aber wie? Was macht sie so mächtig?

Nennen wir sie geizig. Moore gehen sparsam um mit Licht, Nährstoffen und Wasser. Viele sind Hungerkünstler, die nur »von Luft und Liebe« leben. Trotzdem sparen sie Produziertes und legen es gewinnbringend an.

Moorpflanzen wachsen, wo andere schon lange aufgegeben haben. Torfmoose und Seggen machen egoistisch ihre Umwelt ärmer, saurer und nasser – also besser für sich und schlechter für die anderen. So fangen Torfmoose alle mit Wind und Regen ankommenden Nährstoffe weg, bis nichts mehr übrig bleibt für die tiefer wurzelnden, höheren Pflanzen, die dann verhungern müssen.

Menschen schwitzen, wenn es zu warm ist, und zittern, wenn es zu kalt ist. Ähnlich souverän verhalten sich Moore, wenn es zu trocken oder zu nass wird – sie halten dagegen.

Sofort drehen Moosbeere und Rosmarinheide die weiße Unterseite ihrer Blätter Richtung Sonne, wenn es zu warm wird, und Torfmoose werden heller. Ähnlich wie wir hellere Kleidung anziehen, um mehr Sonnenlicht zu reflektieren.

Wenn es trockener wird, zieht sich das Moor zusammen, damit weniger Wasser ausströmen kann. So wachsen einzelne Moose gedrungener, undurchlässige Oberflächenstrukturen breiten sich aus und organisieren sich schließlich zu wasserbremsenden Vegetationsstreifen und einem geschlossenen Rand. Auch der ganze Moorkörper darunter komprimiert sich: Das Moor »atmet aus«, um wieder »einzuatmen«, wenn es wieder nasser wird.

Ganz besonders ist der Akrotelm, die oberste Schicht von 30 Zentimetern, die mit sinkendem Wasserstand immer mehr Wasser zurückhält und mit steigendem Wasserstand immer mehr Wasser rauslässt. Mit dieser Kombination schwankt der Wasserstand weniger.

Von den bisher über 20 identifizierten Selbstregulationsmechanismen funktionieren manche bereits auf einem Quadratzentimeter und innerhalb von Sekunden, andere nur auf großen Raum- und langen Zeitskalen. Fällt einer aus, greift ein anderer. Mit solchen »Back-Ups« wirkt das Moor wie ein Organismus, der weitgehend selbst seine Zukunft bestimmt und existieren kann, wo es sonst nicht möglich wäre. Die Entwicklung dieser Mechanismen ist das Ergebnis von evolutionärer Selektion: Man findet nur solche, die sich bewährt haben. Schließlich sieht man auf den Straßen auch keine Autos mit viereckigen Rädern.

Und last but not least, Moore sind beharrlich: Sie lassen nicht locker. Die Zeit ist auf ihrer Seite. Was sie jetzt nicht schaffen, schaffen sie morgen, nächstes Jahr, oder in tausend Jahren.

Moore bewegen die Welt

Menschen haben …		Moore haben …
… Kultur geschaffen.	**Kultur**	… Kultur beeinflusst und geprägt.
… die Vegetation auf dem Land auf **7 Milliarden Hektar** verändert und die Biomasse um **1 Billion Tonnen** verringert.	**Leben**	… die Vegetation auf dem Land auf **1,5 Milliarden Hektar** geändert und **1,2 Billion Tonnen** Biomasse als Torf gespeichert.
… durch Klimaerwärmung das Abtauen von **25 Prozent** der Permafröstböden ausgelöst.	**Boden**	… mit ihren Torfen die Existenz von **20 Prozent** der Permafrostböden ermöglicht.
… weltweit in Reservoirs fast **8.000 km³** Wasser gespeichert.	**Wasser**	… weltweit in ihrem Torf **23.000 km³** Wasser gespeichert.
… das Relief durch Erosion geglättet und durch Bergbau und Deponien lokal etwas verstärkt.	**Relief**	… das Relief durch Auffüllung von Senken geglättet und mit Hochmooren lokal etwas verstärkt.
… **225 Gigatonnen** Kohlenstoff seit 1750 als Steinkohle aus der Erdkruste entfernt und verheizt.	**Gestein**	… **600 Gigatonnen** Kohlenstoff als Torf der Erdkruste hinzugefügt, davon 25 Gigatonnen seit 1750.
… seit 1750 durch Verbrennung fossiler Brennstoffe die Erdtemperatur um **1,2 Grad aufgeheizt**.	**Klima**	… in den letzten 10.000 Jahren durch Torfbildung die Erdtemperatur um **0,6 Grad gekühlt**.
… durch Wasserreservoirs das Gewicht auf der Erde verlagert und so die Tage um **einige Millisekunden** verlängert und die Position des Nordpols um **einige Meter** verschoben.	**Kosmos**	… durch ihre Ausbreitung das Gewicht auf der Erde verlagert und so die Tage um **mehrere Millisekunden** verlängert und die Position des Nordpols um **mehrere Meter** verschoben.

Nachwuchs

Moore wachsen auf, füllen Senken aus und versumpfen die angrenzenden Mineralböden. So wachsen sie in die Breite und in die Höhe. Wie Menschen. Sie können sich aber auch fortpflanzen und neue Moore erzeugen.

Wenn ein Moor eine Senke ausfüllt, erschwert es dem Wasser das Ein-, Durch- und Ausströmen. So hebt das Moor sowohl den eigenen Wasserstand an wie auch den Wasserstand im Einzugsgebiet, also dem Gebiet, aus dem das Moor sein Wasser bekommt. Dort können dann vorher trockene Senken nass werden, und voilà, da haben wir schon ein neues Moor!

Moor-Entstehung in Tälern
durch Anstieg des Grundwasserspiegels

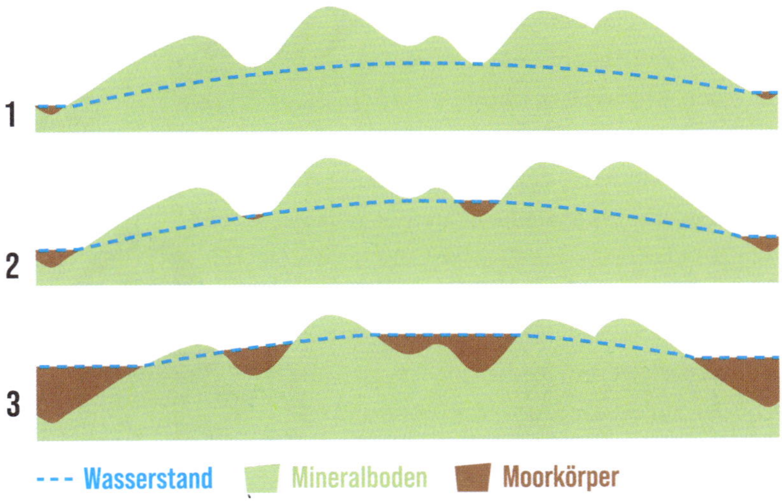

Bis in den letzten Winkel

In der Polarwüste, wo kaum Pflanzen wachsen, suchen Schmarotzerraubmöwen Erhöhungen, wie Walknochen oder Steinhaufen, unter denen Polarfahrende beerdigt sind. Von dort erspähen sie ihre Beute und düngen nebenbei den Standort. Nun wächst die Vegetation üppig und der gebildete Torf wird sofort vom Frost konserviert. Je höher der *bird top*, desto lieber setzt sich die nächste Generation Möwen drauf. Einige werden so seit 4.500 Jahren beschissen.

Antoine hörte als Bursche einen Vortrag über Páramos und beschloss, sein Leben dieser extremen, tropischen Hochgebirgslandschaft zu widmen. Dort erleben bizarr geformte Pflanzen an einem Tag alle Jahreszeiten. Unterstützt von Einheimischen zeltete Antoine in den hohen Anden, entdeckte 300 neue Arten und schuf eine Forschungsgrundlage für die weite Zukunft. »Man muss dahin gehen, wo das Herz schlägt.«

Die Selk'nam wurden gejagt und ermordet, sie gelten als ausgestorben. Doch Fernandas Urgroßvater überlebte. Anfang 2021 kehrte Fernanda in ihr Land zurück. Sie wanderte übers Moos und verstand, dass die alten Geschichten wahr waren. Dass sich ihre Vorfahren am Beginn der Zeit zum Sterben niederlegten und einschliefen. So entstanden Hügel, Flüsse und die Sümpfe von Karokynka. Heute kämpft Fernanda für die Sümpfe, für ihre Vorfahren.

Jurij, vom indigenen Volk der Jukagiren, begleitete Hans auf arktische Expeditionen. Als Chirurg konnte Juri einen Blinddarm ohne Betäubung entfernen. So erforschten sie furchtlos die von Eiskeilen gebildeten Polygonmoore. Nebenbei bereitete Jurij eine Reise ins Werchojansk-Gebirge vor, um magische Steine zu sammeln – nach seiner Karriere als Chirurg wollte er Schamane werden.

Xiaohong Zhang entwickelt, managt und setzt um. Von der weltweit größten Flugstraße für Zugvögel bis hin zu den größten Gebirgsmooren der Welt auf der Qinghai-Tibet-Hochebene. Sie macht Isabellbrachvogel, Schneekranich und vielen anderen Hoffnung, dass es für sie ein Morgen im Moor gibt.

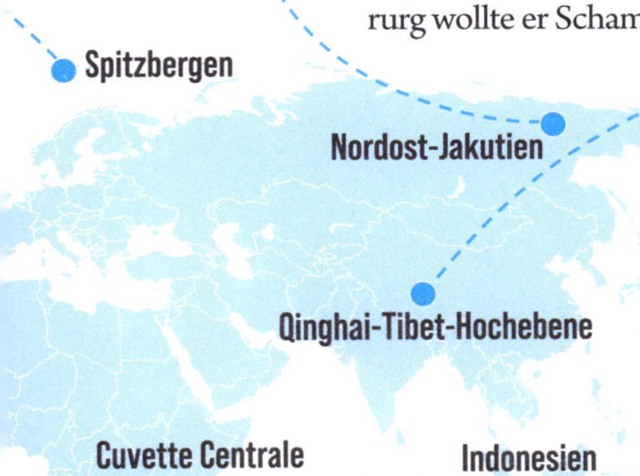

Als Student führte Ovide die Briten in den *Entoku* (»der große Schlamm«) und maß knietief im Wasser stehend Methan und CO_2. Mit seiner Bachelorarbeit wurde er der erste Moorstudent seines Landes. Sein Ziel heute: Die entwässerten Moore Europas erforschen und nicht ähnliche Fehler machen.

In den Tropen, so dachten Forscher lange, zersetzt organisches Material sich so schnell, dass dort keine Moore wachsen. Und sicher keine nur vom Regen gespeisten. Es brauchte die unsagbar taffe Betje, um rauszufinden, dass genau Regenmoore die typischen Moore Indonesiens sind.

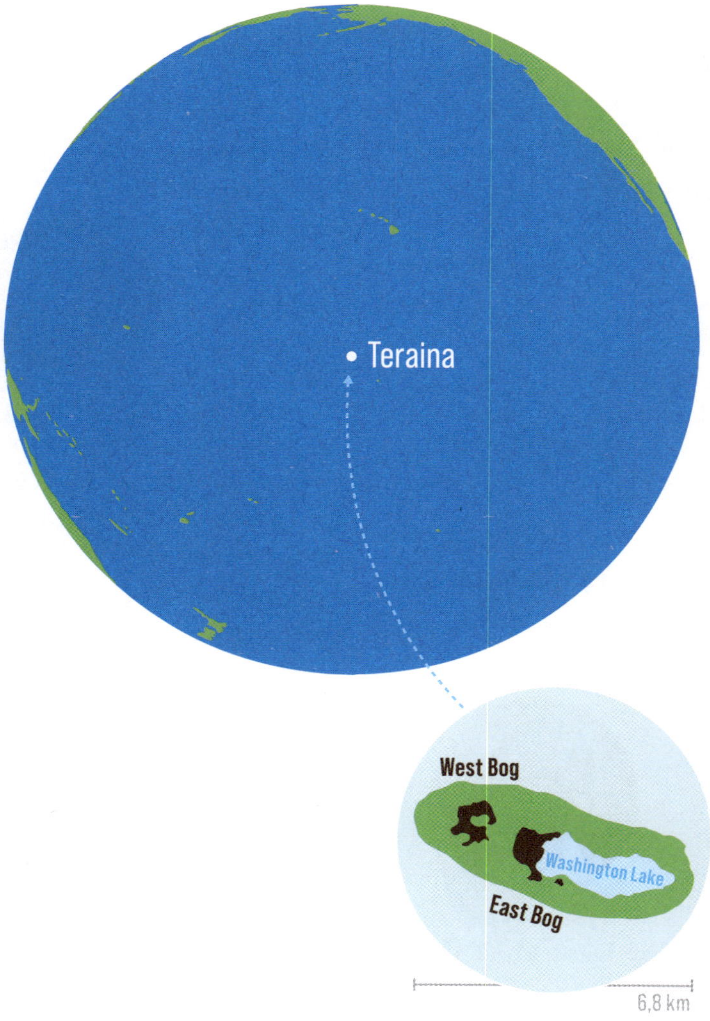

Der Nabel des Ozeans

Mitten im Pazifik liegt ein großer Süßwassersee, umschlossen von einem Korallenriff: Teraina (oder Washington Island), eines der 32 Atolle des Inselstaates Kiribati. Diese Atolle bestehen aus

Riffen, die auf untergetauchten Vulkanen sitzen und eine Lagune umgeben.

Solange eine Lagune noch einen Zugang zum Meer hat, enthält sie normales Meerwasser. Abgeschlossen wird sie brackisch bis supersalzig. Die Lagune von Teraina ist aber süß. Aus massig Vogelscheiße bildete sich bei viel Niederschlag und mit reichlich Pflanzenabfall ein tonartiger Kalziumphosphatschlamm. Diese pappte alle unterirdischen Verbindungen zum Ozean zu. Viermal so viel Regen wie in Deutschland, fast 3.000 Millimeter pro Jahr, verwandelte die Lagune dann in einen Süßwassersee – das Salzwasser wurde einfach ausgespült. Seitdem wächst im See ein einige Hundert Hektar großes und etwa ein Meter mächtiges Moor. Kokospalmen, Schraubenbäume, Zyperngras und Farne – die Pflanzen- und Tierwelt sind arm, denn Lebewesen haben Schwierigkeiten, solche abgelegenen Orte zu erreichen. Aber wenn sie es schaffen, können sie durch Mangel an genetischem Austausch schnell neue Sippen bilden. Wie zum Beispiel die inzwischen ausgestorbene Coues Schnatterente, der sehr seltene Südseeläufer, sowie der Kiribatirohrsänger, der auf Teraina seine weltweit größte Population hat.

Ein Moor, ein See, ein Riff – sonst nichts bis zum Rand der Welt. Während Moore gewöhnlich gern in Herden vorkommen, ist dieses das wohl isolierteste Moor der Welt. Es lebt – wie der Großteil Kiribatis – weniger als zwei Meter über dem Meeresspiegel. Damit gehört es zu den ersten, die infolge des Klimawandels vom Meer überflutet und völlig von der Karte verschwinden werden.

Moore im Weltall?

Während Menschen gerade alles dafür tun, das Weltall zu durchdringen, haben Moore das vielleicht längst geschafft. So finden sich in einer Tiefebene auf dem Mars ähnliche Oberflächenmuster wie in den arktischen Mooren Spitzbergens! Solche *Eiskeilpolygone* entstehen durch das wiederholte Schrumpfen und Ausdehnen von Permafrost und das Gefrieren von hereingelaufenem Schmelzwasser in den Schrumpfrissen. Tatsächlich sind auf unserem etwas kälteren Nachbarplaneten organische Moleküle gefunden worden, die sich möglicherweise in Verbindung mit Wasser gebildet haben. Aber wir wollen ehrlich sein: Torf ist auf dem Mars damit noch lange nicht nachgewiesen.

Aber was, wenn wir noch weiter gehen? Nach neun Jahren unterwegs im All schoss die Raumsonde New Horizons bemerkenswerte Fotos vom Zwergplaneten Pluto. Sie zeigen auch einen seiner Monde, am Nordpol bedeckt mit einem dunkelroten Material. Dieser Mond, Charon, fängt Methan ein, das von Pluto entweicht. Während seiner langen Winter mit bis zu -258 Grad Celsius wandelt er es in schwerere Kohlenwasserstoffe um. Über die letzten 4 Milliarden Jahren sind 30 Zentimeter von diesem rötlichen »Sternen-Teer« (*star-tar*) abgelagert worden – genug, um die Schicht in Deutschland Moor zu nennen. Dieser Sternen-Teer (*Tholine*), so vermuten Forschende, kann mit flüssigem Wasser Substanzen bilden, die Leben entstehen lassen könnten. Könnte, hätte, wäre – am Ende brauchen wir wohl doch einen noch mutigeren Menschen als Elon Musk, der einen Torfbohrer einpackt und die Sache mit dem Weltall ein bisschen ambitionierter angeht. Nur bis zum Mars? Echt jetzt? Auf zum Charon!

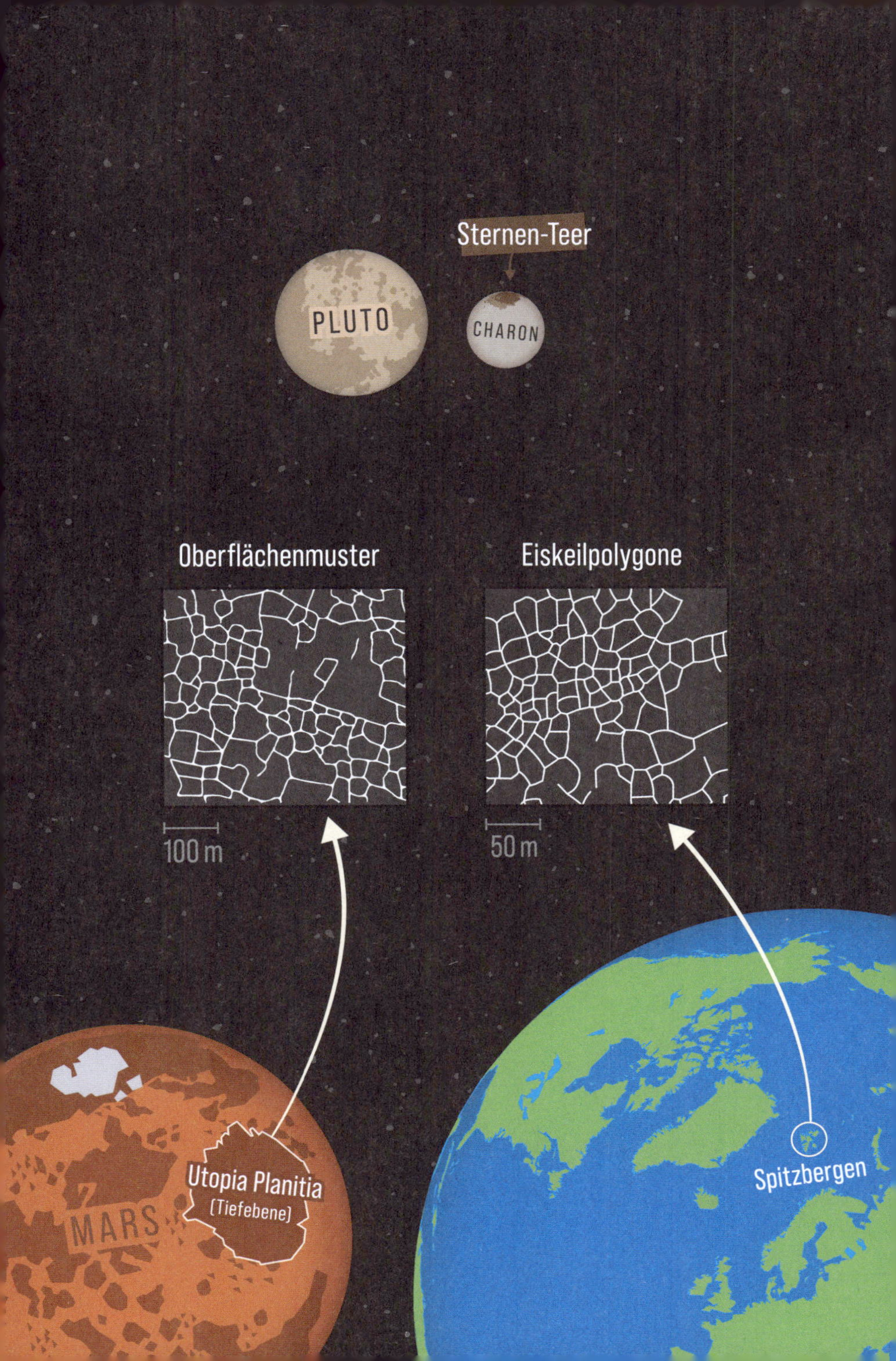
Sternen-Teer
PLUTO
CHARON
Oberflächenmuster
Eiskeilpolygone
100 m
50 m
MARS
Utopia Planitia
(Tiefebene)
Spitzbergen

MOORE SCHREIBEN GESCHICHTE

Vom Ziehen zum Züchten

Kein Tier hat die Welt so verändert wie der Mensch. Inzwischen leben, in Nassgewicht ausgedrückt, 20-mal so viele Menschen auf Erde wie wilde Landsäugetiere. Die Pflanzenmasse haben wir weltweit halbiert und fast die Hälfte der Landfläche sieht jetzt vollkommen anders aus als vorher. Hauptgrund: die Landwirtschaft.

Die Landwirtschaft hat unsere Lebensmittelversorgung stabilisiert und explosiv vergrößert. Sie hat Arbeitsteilung, Städte und Staaten geschaffen. Und der Menschheit Macht gegeben – über fast alles.

Sie kam nicht von selbst. Was man jagt und sammelt, kann man sofort genießen. Landwirtschaft bedeutet: schuften bis zum Umfallen und erst Monate später ernten. Arbeit und Entlohnung hängen nicht mehr direkt zusammen. Deshalb fühlte sich – trotz besserer Nahrungssicherheit – der Übergang an wie der Rausschmiss aus dem Paradies. »Im Schweiße deines Angesichts sollst du dein Brot essen«, so die Bibel. Die Wissenschaft weiß schon lange, dass unsere Landwirtschaft aus dem trockenen Nahen Osten kommt.

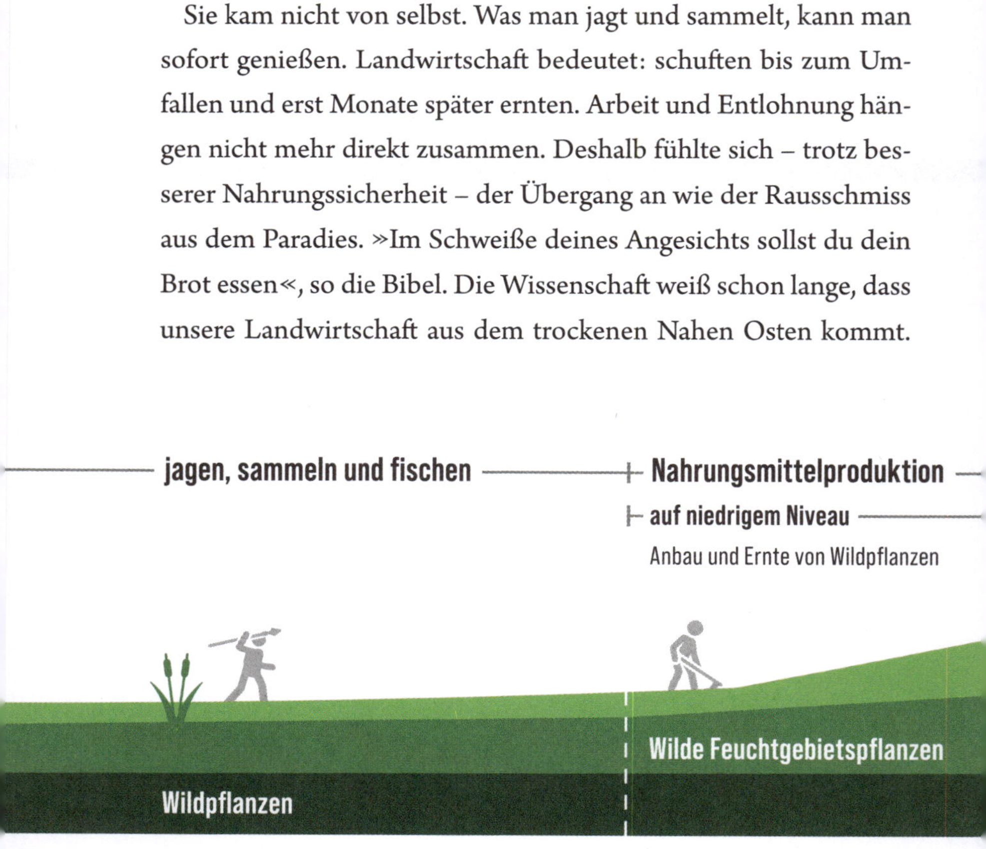

Viele von unseren Kulturpflanzen und -tieren stammen aus den dortigen Steppen. Mittlerweile denkt man aber, dass die Sümpfe im Nahen Osten bei der »Erfindung« der Landwirtschaft geholfen haben. Hier konnten die Jäger und Sammler von einer besonderen Eigenschaft vieler Feuchtgebietspflanzen profitieren: Zypergräser, Schilf und Rohrkolben wachsen reichlicher und nahrhafter, wenn sie genutzt werden. Mit der ganzjährigen Verfügbarkeit der essbaren Sumpfpflanzen, der Fische, Vögel, Schildkröten, Molluske, Krebstiere, kleinen Säugetiere und wandernden Gazellen sowie des Wassers konnten die Menschen sesshaft werden. Sie nutzten den Sumpf als Basis und konnten so in den umliegenden Steppen und offenen Wäldern das nur zeitweise vorhandene Wildgetreide und andere Pflanzen suchen, sammeln und als Vorrat anlegen. Feuchtgebiete waren ihr Labor. Hier lernten sie über Generationen, das Land mit seinen Pflanzen und Tieren zu beherrschen und zu bewirtschaften.

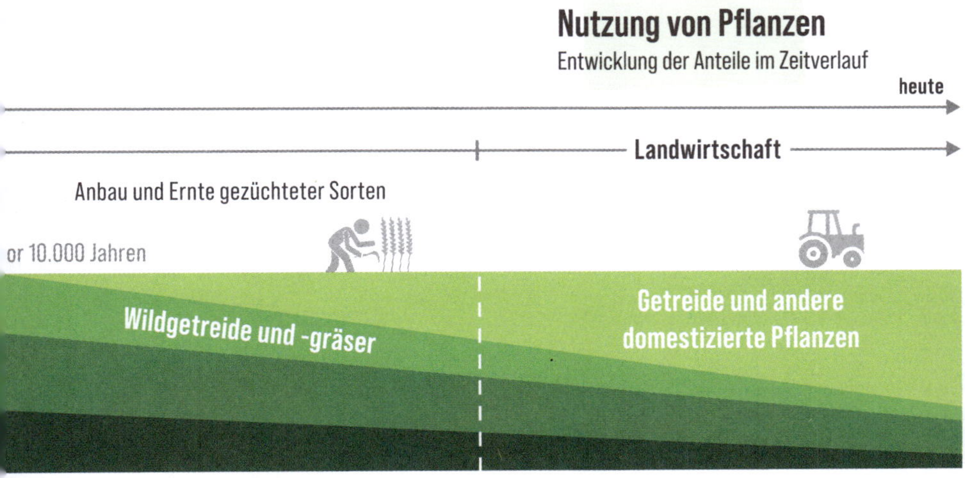

Polderpolitik

Ohne den Niedergang der Moore hätte es die Niederlande nicht gegeben. Leicht ließen sich die vorherrschenden Moore entwässern: Man hob einen Graben aus, das Wasser floss die Hochmoorkuppel herunter und das Moor war reif für die Landwirtschaft. Jedoch begann die Mooroberfläche nun abzusacken. Der immer nasser werdende Boden zwang die Niederländer:innen, den Ackerbau aufzugeben und nur noch Vieh zu halten. Weil Fleisch und Milch nicht haltbar waren, wurden Butter und Käse produziert und gehandelt. Mit immer tiefer sackendem Moorboden mussten Meer- und Flusswasser ferngehalten werden. Doch ließ das Absinken von einem Zentimeter pro Jahr den Niederländer:innen Zeit, sich anzupassen. Sie lernten, wie man stabile Deiche baut, Polder anlegt, Wasser abpumpt. Die Optimierung der windgetriebenen Pumpwerke (Windmühlen) trieb die Aerodynamik als Wissenschaft an. Dies erlaubte den Bau schnellerer und größerer Segelschiffe für Krieg, staatlich autorisierte Piraterie, Kolonialismus und Sklavenhandel: Die kleinen Niederlande wurden zur Weltmacht.

Im eigenen Land waren inzwischen große Teile unter den Meeresspiegel geraten. Das Wasser ließ sich nur noch gemeinsam fernhalten. Pflegte einer seinen Deich nicht, ließ er alle anderen absaufen. Jeder hatte Macht über jeden. Flache Hierarchien, Demokratie und Weltoffenheit bestimmen seitdem die Niederlande. Erfolgreich, wie es war, wurde das holländische Modell breit nachgefragt und exportiert.

Deiche, Polder, Gräben, Gouda-Käse und Windmühlen – alles Folgen der Moordegradation – stellen sich jetzt als stolze Wahrzeichen des Landes heraus.

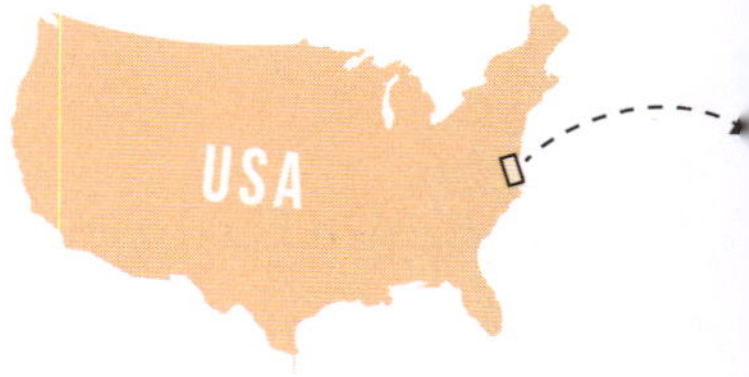

Moore als Rückzugsort

Baumwolle, Tabak, Reis: Die einsetzende Landwirtschaft im Süden der USA erreichte auch die Sümpfe. Plantagenbesitzer importierten aus Madagaskar Reis und Sklav:innen. Diese Menschen brachten neben Kraft zum Arbeiten und Erfahrung im Reisanbau auch eine gewisse Resistenz gegenüber Malaria und Gelbfieber mit, die seit den 1600ern im Süden der USA heimisch waren. Auf den Plantagen wurden die Sklav:innen ausgenutzt, misshandelt und ermordet.

Manche fanden Zuflucht in den überlebenden Sümpfen, wie dem Great Dismal Swamp im Norden Carolinas. Die Geflohenen, *maroons* genannt, gründeten in dessen Tiefen autarke Gemeinden. Viel blieb davon nicht übrig. »Alles, was wir fanden, würde in einen einzigen Schuhkarton passen«, erzählt der Archäologe Daniel Sayers über seine Funde. Die Menschen im Sumpf hatten meist nicht mehr als ihre Kleidung, als sie kamen. Alles andere stellten sie vermutlich aus Materialien aus dem Sumpf selbst her. Sie lernten von den Native Americans, in den Sümpfen zu jagen, Fisch zu fangen und Hügel für Behausungen anzulegen. Zeitweise bot der Sumpf über tausend Menschen einen Unterschlupf: freien, wie versklavten Afro-Amerikaner:innen und Native Americans. Je nach Angst vor der Außenwelt, lebten sie tiefer im Sumpf oder näher am Rand. Besonders im Sommer muss das Leben im Sumpf hart gewesen sein, aber draußen: Das war kein Leben.

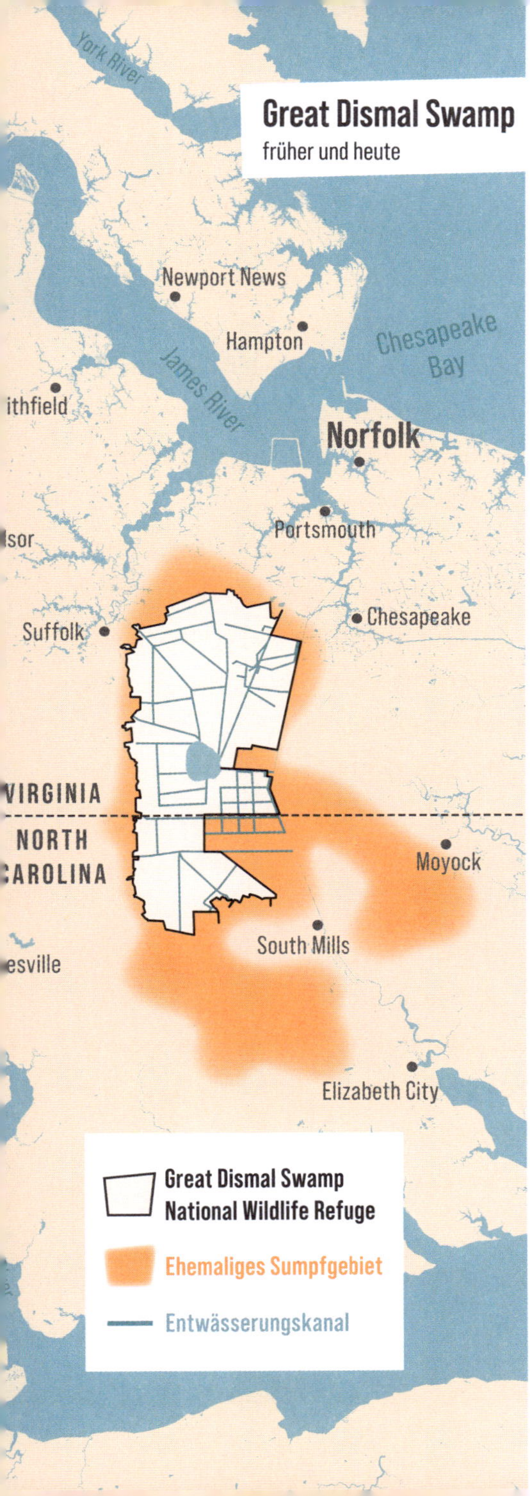

No matter what you see
slitherin beside you,
no matter what you feel
creepin up your leg
or crawlin long your neck,
no matter what you hear
buzzin in your ears,
keep quiet, keep movin!
I'll be leadin,
so follow close—
[...]

Ole George Cooper talks
slow n low n serious.

You is goin to gag
on the stink,
n feel like faintin
from fear,
but you got to
keep quiet
n keep movin.

Them what makes it
to Freedom is braver'n
snakes, gators, or bitin flies.

He nods real solemn.

There's nothin in the swamp
what's worse'n
the stink
of bein a slave.

Aus: *Unbound. A Novel in Verse* von Ann E. Burg

Das Feuer der Oktoberrevolution

Während der Russischen Revolution von 1917 las Lenin zwei Bücher über Moore. Um eine Revolution zu machen, so wusste er, musste man der Bevölkerung eine unmittelbare Verbesserung und nicht nur eine bessere Zukunft versprechen. Deshalb war sein Slogan: »Kommunismus ist Sowjetmacht plus die Elektrifizierung des ganzen Landes.« Symbolträchtig versprach er, Licht zu jeder Wohnung im sowjetischen Riesenreich zu bringen.

Wir schaffen es bisher nicht einmal, Windenergie aus Mecklenburg-Vorpommern nach Bayern zu kriegen. Lenin verstand damals bereits, dass er, um jeden Haushalt mit Strom zu versorgen, viele einzelne Kraftwerke brauchte – gespeist von dezentralen Energiequellen. Mit Torf als Brennstoff ließen sich überall Stromgeneratoren errichten, denn Moore gab es üppig in Russland.

Tatsächlich hat sich Lenin von Anfang an persönlich mit der Torfwirtschaft beschäftigt. Selbst am Wochenende kam das Thema auf den Tisch: Seine Frau Nadeschda war die Busenfreundin von Alisa Iwanowna, der Frau des Vorsitzenden des Zentralrats für Torfindustrie Iwan Iwanowitsch Radtschenko. Lenin ließ den Torfabbau mechanisieren, brachte Propagandafilme in die Kinos, beauftragte Pflichtunterricht über die Torfindustrie in Schulen und hatte selbst ein Lieblingstorfkraftwerk: Schatura bei Moskau, das nach seinem Tod nach ihm

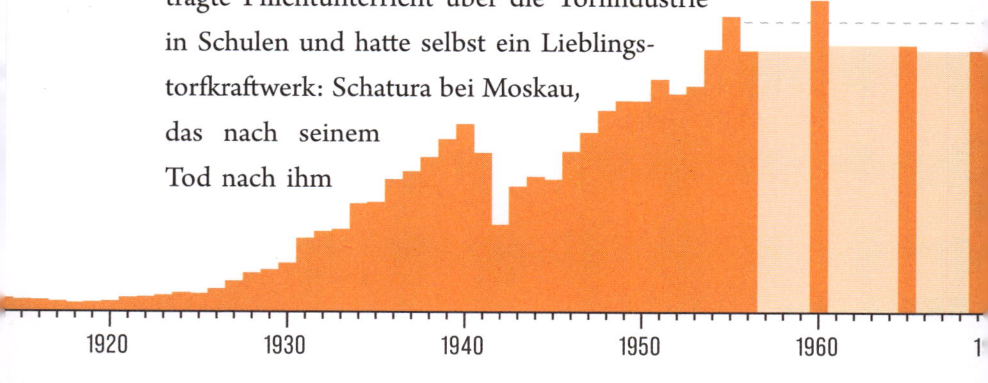

benannt wurde. Torfgewinnung wurde ein politischer Hype. Bis 1940 wurden etwa 30 Prozent der russischen Industrialisierung durch torfbefeuerte Elektrizität erreicht.

Die Sowjetunion entwickelte sich so zu dem Land mit den weltweit meisten Moorforschenden, den meisten Büchern über Moor und Torf, der umfangreichsten Torfgewinnung. Und ja, auch der größten Torfverschwendung. Nicht nur wurden große Mengen Torf in Heizwerken verbraten, ein großer Teil wurde auf Ackerflächen auf Mineralböden ausgebracht, um den durch Fehlnutzung abnehmenden Humusgehalt zu kompensieren.

Nach 1990 endete der volkswirtschaftliche Blödsinn. Von 1990 bis 1998 verringerte sich die Torfabbaumenge in Russland um 96 Prozent: Das Feuer der Revolution war erloschen.

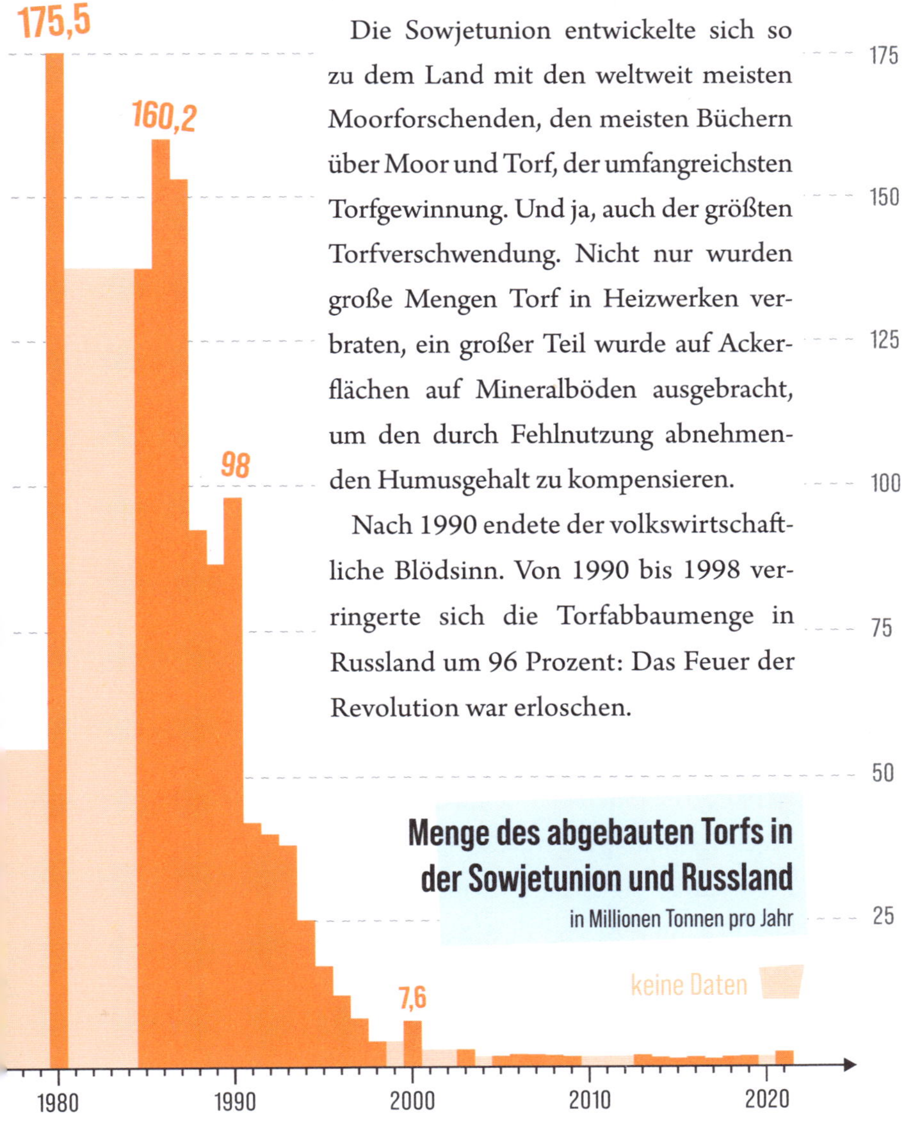

Zionistischer Torf?

»Ich erinnere mich noch aus meiner Knabenzeit, daß hier Sümpfe waren.« Theodor Herzl, Begründer des politischen Zionismus, beschreibt in seinem Roman *Altneuland* (1902) eine Vision einer jüdischen Sozialordnung in Palästina: »Die Äcker gehören zu dem blanken Dorf, das Sie dort auf dem Hügel sehen. Es ist ein arabisches Dorf. [...] Diese armen Menschen sind viel glücklicher geworden, sie können sich ordentlich ernähren, ihre Kinder sind gesünder und lernen etwas. Nichts von ihrem Glauben und ihren alten Gebräuchen ist ihnen verstört worden – nur mehr Wohlfahrt ist ihnen zuteil geworden.«

Häufig infolge antisemitischer Pogrome begannen 1882 vor allem russische und rumänische Juden, verstärkt in die Region zu wandern, aus der ihre Vorfahren Jahrtausende zuvor vertrieben worden waren. Der französische Baron Edmond Rothschild kaufte zur gleichen Zeit Grundstücke. Sie sollten geflohenen Juden helfen, einen Staat zu kreieren – in einem Gebiet, in dem vor allem muslimische Araber wohnten.

Es wurde nicht, wie Herzl erträumt hatte. Der strikten Zionisten-Politik nach sollten die Juden wieder mit den Händen arbeiten und Wert aus Boden schaffen. Dafür mussten arabische Pächter jedoch oft ihre Häuser und Äcker räumen.

Unter der Bedingung, die Rechte nicht-jüdischer Gemeinschaften zu wahren, wurde 1920 Großbritannien das Völkerbundsmandat für Palästina übertragen. Als ab 1924 die jüdische Bevölkerung stark wuchs, wurden Sümpfe Palästinas entwässert, um die städtischen Einwanderer mit dem Land zu verbinden, Malaria zu bekämpfen und so in heroischer Arbeit »das Land und die Nation zu heilen«. Darunter viele Sümpfe, die in den Augen der arabischen Bevölkerung heilig und heilend waren.

Die wachsende jüdische Bevölkerung geriet vielerorts in Auseinandersetzungen mit den arabischen Palästinensern. Ein friedliches Zusammenleben erschien zunehmend kompliziert. Großbritannien gab 1947 das Mandat zurück. Die Vereinten Nationen beschlossen noch im gleichen Jahr, Palästina in einen jüdischen und einen arabischen Staat zu teilen und Jerusalem zu einer neutralen Zone zu machen. Die arabischen Länder lehnten diesen Plan ab. Mit dem Ende des britischen Mandats am 14. Mai 1948 wurde der Staat Israel ausgerufen. Bereits kurz nach Mitternacht griff eine Allianz arabischer Staaten Israel an. In diesem Krieg erweiterte Israel das ihm im Rahmen des UN-Teilungsplans zugewiesene Gebiet im Norden und Süden. Jordanien eroberte das Westjordanland, Ägypten den Gazastreifen. Mehr als 700.000 Palästinenser, die flohen oder vertrieben wurden, durften nicht zurückkehren. Sie und ihre Nachfahren leben zum Teil noch immer in Flüchtlingslagern.

Die Jahre darauf stieg die Zahl an Einwanderern nach Israel nochmals stark und man entwässerte ein weiteres, riesiges Moor: Hula, an der Grenze zum Libanon, von der die letzten arabischen Bewohner gerade vertrieben worden waren. Experten wurden ignoriert. »Ein niederländischer Ingenieur wurde hinzugezogen … Er warnte davor, dass die Torfböden, […] sich auf unerwartete und sogar schädliche Weise verhalten könnten. Da stand der Hydrologe des Jüdischen Nationalfonds auf, schlug mit der Faust

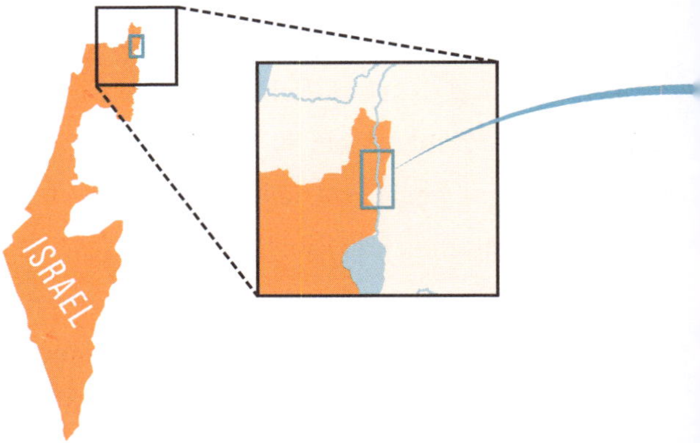

auf den Tisch und erklärte: Unser Torf ist zionistischer Torf, unser Torf wird keinen Schaden anrichten.« Als 1955 die Entwässerung Hulas abgeschlossen war, brach fast sofort ein Moorbrand aus, der fünf Monate wütete und nur zu löschen war, indem man die Entwässerung stoppte und den Zufluss vom Jordan wieder öffnete. Eine vorsichtige Trockenlegung führte in den folgenden Jahren zu einer Moorsackung von 7 bis 10 Zentimetern pro Jahr, unterirdischen Bränden, Staubstürmen, Überschwemmungen, Algenblüten im See Genezareth, Mäuseplagen und schließlich zum Aufgeben von großen Teilen des Hulas in den späten 1980er Jahren. Ein kleiner Teil war inzwischen zum ersten Naturreservat Israels erklärt worden, doch erst in den 1990er-Jahren wurde ein unambitioniertes Sanierungsprogramm eingeleitet.

Mit der Entwässerung des Hula-Moores starb der Hula-Scheibenzüngler, der nirgends sonst lebte, aus. Bis man den Froschlurch 2011 nach 55 Jahren in den Sumpfresten wiederentdeckte. Was immer noch aussteht, ist das, was die Menschen in dieser Region einander wünschen, wenn sie sich begegnen: Salam – Schalom – Friede.

Entwässerung des Hula-Moores

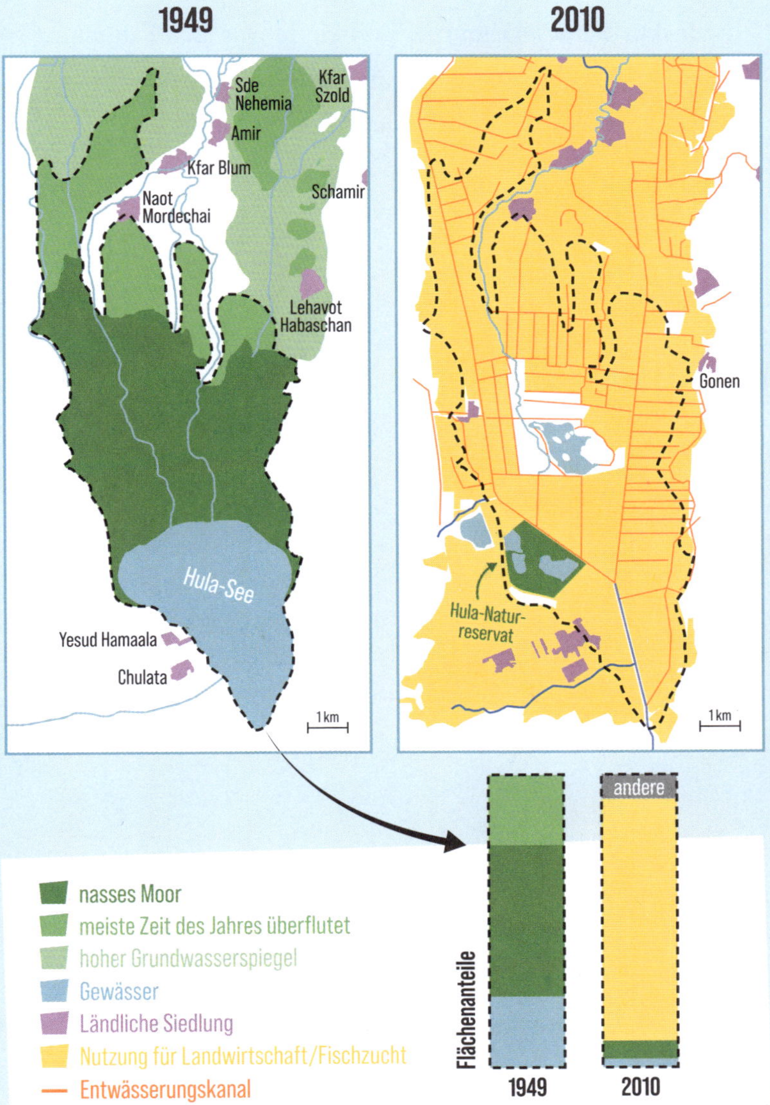

Langer Marsch

Den *Langen Marsch* kennt in China jedes Kind: »Schneebedeckte Berge erklimmen und sumpfiges Land durchqueren« – ein berühmtes chinesisches Lied erinnert an die Tausenden Rotarmisten, die bei ihrer Durchquerung des Riganqiao-Moores im August 1935 starben.

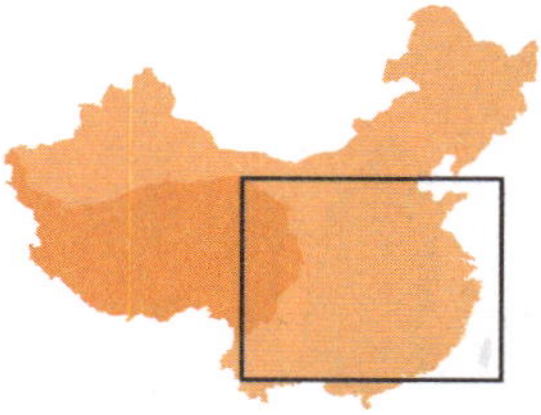

Während des chinesischen Bürgerkriegs in den 1930er-Jahren zog sich die kommunistische Armee vor den vorrückenden nationalistischen Kräften zurück. Mao Zedong führte dabei die Erste Rote Armee von Südost- nach Nordwest-China: von Jiangxi nach Shaanxi. Vor allem das Stück durch Nord-Ost-Tibet war unvorstellbar hart. Es war kalt und nass. Was es an Essen gab, musste von den wenigen lokalen Tibetern geraubt werden, die es selbst zum Überleben brauchten. Die Armee aß Wurzeln, grünen Weizen, Rüben, ja sogar unverdaute Reiskörner aus den Exkrementen der anderen.

Am schlimmsten war Riganqiao. So ein Moor kann einen Menschen tragen, auch zehn, vielleicht selbst 50, bei vorsichtigem Schritt. Aber wenn Zehntausende die gleiche tragende Wurzelmasse zertreten, gibt es keinen Halt mehr. Die Menschen kämpften sich übereinander, zerdrückten andere und stukten sie unter, um selbst voranzukommen.

Und Mao? Er hatte keinen Blick für die Opfer. Er ließ sich tragen und zwang die Karawane dreimal durch das gleiche Moor. Von der zu Beginn des Marsches mehr als 85.000 Personen starken Truppe erreichten – nach 10.000 Kilometern – keine 8.000 die neue Basis.

Der Lange Marsch verschaffte Mao Ansehen, Macht, einen regelrecht mythischen Status. Es war der Beginn von Maos langer Karriere in der Kommunistischen Partei, in China und der Welt. Der Marsch zeigte, dass man trotz immenser Entbehrungen und Opfer sein Ziel erreichen kann: »Wenn ihr es schwer findet, denkt an den Langen Marsch; wenn ihr euch müde fühlt, denkt an unsere revolutionären Vorfahren.« Das war die Botschaft, die China anstachelte, zu der Weltmacht zu werden, die es heute ist.

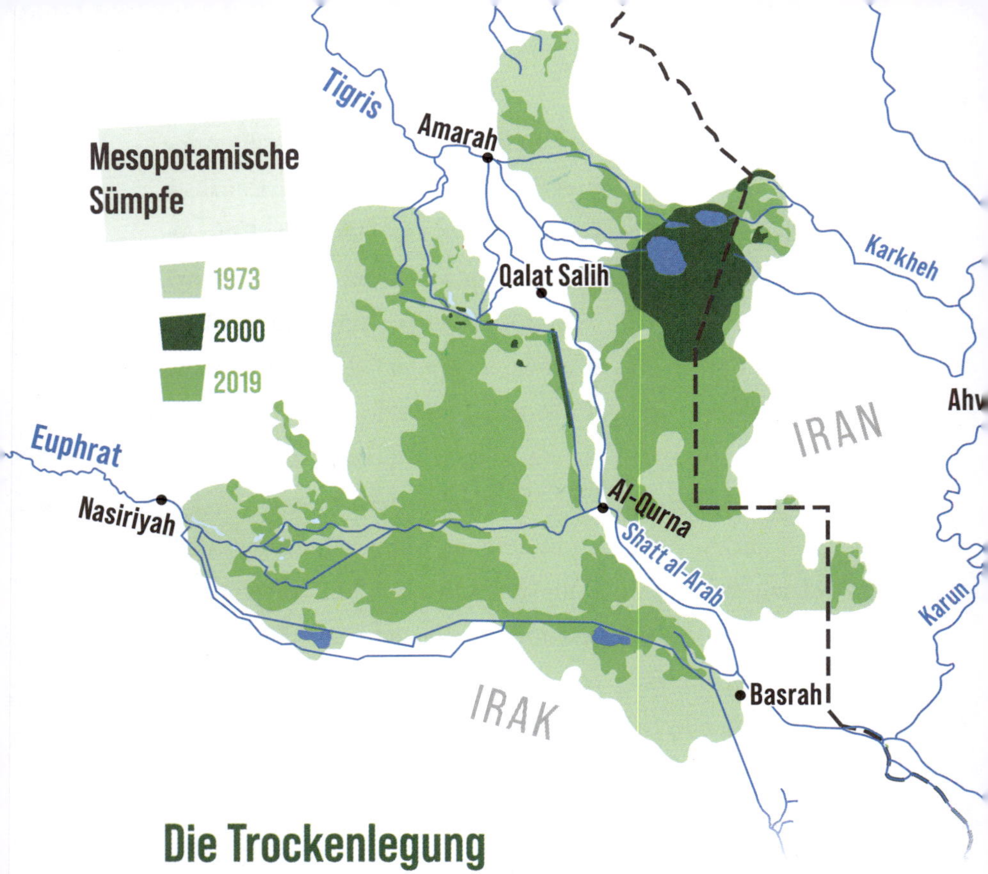

Die Trockenlegung des Paradieses

Kurz nach dem Golfkrieg 1991 startete die irakische Regierung unter Saddam Hussein eine koordinierte Kampagne gegen die aufständischen Marsch-Araber, indem sie ihre Sümpfe entwässerte. Sie begann, den Schilfgürtel abzubrennen, das Sumpfwasser zu vergiften und es großflächig abzuleiten. Seit Jahrtausenden nutzten die Marsch-Araber die Sümpfe für ihren Lebensunterhalt. Sie brauchten sie für ihre Poesie und ihren Gesang in Theatern aus Schilf und Binsen. »Die Sümpfe sind wie unser Körper, unser Blut.«

Die Marsch-Araber fühlten die Trockenlegung ihrer Sümpfe am eigenen Körper und flohen – dazu kamen Massenverhaftungen, Folter, der Tod von zehntausenden Menschen. Doch als 2003 Husseins Regime gestürzt war, kamen die überlebenden Marsch-Araber zu Tausenden zurück. Sie rissen Dämme nieder, schütteten Gräben zu und füllten 40 Prozent der Sümpfe wieder mit Wasser.

Doch noch vor dem Krieg, um 1980, hatte die Türkei flussaufwärts mit dem Bau von Stauseen und Wasserkraftwerken begonnen – und damit den Euphrat und Tigris, den Zufluss der mesopotamischen Sümpfe maßgeblich verändert. So fehlte auch nach Husseins Fall Wasser und die Landschaft versalzte. Amjad Mohamed, der 2003 in die Sümpfe zurückgekehrt war, erzählt: »Das Wasser [...] ist nicht mehr so wie früher. Ich bin lieber nicht in den Sümpfen, als sie in diesem Zustand zu sehen.« Der Bürgermeister von al-Kheir erlebte 2018 Schießereien um Wasser: »Unsere Leute haben auf eine Weise Angst, die andere nicht verstehen.« Eine Wasserbüffelzüchterin sagt: »Alle reden von Migration, aber wohin? Alles, was wir können, ist Büffel züchten.« Ein Mann: »In einer Stadt können wir nicht überleben.«

Dazu kam das Öl: Die vom Wassergott Enki geschaffenen Sümpfe befinden sich auf einem der reichsten Ölvorkommen des Irak. Die wasserintensive Ölindustrie nahm den Gemeinden zusehends die Lebensgrundlage. Darüber hinaus raubt heute der Klimawandel dem ursprünglichen *Garten von Eden* mit seinen Tieren, Pflanzen und Menschen die letzten Tropfen Wasser. Und wir verlieren das Paradies.

Ring of Fire

Unter einem kanadischen Moor von der Größe Deutschlands entdeckte ein Johnny-Cash-Fan 2007 Massen von wertvollen Metallen und nannte die Region *Ring of Fire*. Ob dieser Schatz gehoben wird, entscheidet unsere Zukunft.

Die kanadische Regierung ist begeistert und sieht große Potenziale. Kanada könnte die weltweite Nachfrage nach seltenen Metallen decken! Im Ring of Fire ist Nickel, Kupfer und Kobalt gefunden worden, unerlässlich für Batterien von E-Autos, und für Windturbinen essenzielles Chrom. Die Weltlage ist angespannt, bisher kommen diese Metalle weitgehend aus China, Russland und der Demokratischen Republik Kongo. Bei strategischen Rohstoffen für E-Autos, grüne Energie, Smartphones und Laptops ist diese Abhängigkeit riskant. »Wir glauben, dass Ontario die beste Lieferkette der Welt bietet, von dem, was in der Erde ist, bis zu dem, was die Autos der Zukunft antreibt«, so der verantwortliche Minister Rickford.

Moorforscherin Lorna Harris schreibt, dass für den Abbau der Rohstoffe das Moor zerstört werden müsse und damit gespeicherter Kohlenstoff unwiederbringlich verloren gehe. Unter diesen Satz setzt sie in ihrer Studie ein Foto eines Abbaukraters, gelblich, tief, mit geraden Kanten. »Wir müssen wirklich abwägen, wie viel Kohlenstoff aus den Mooren wir bereit sind, für grüne Energie in Batterien zu opfern. Ist es das wert?« Harris zweifelt.

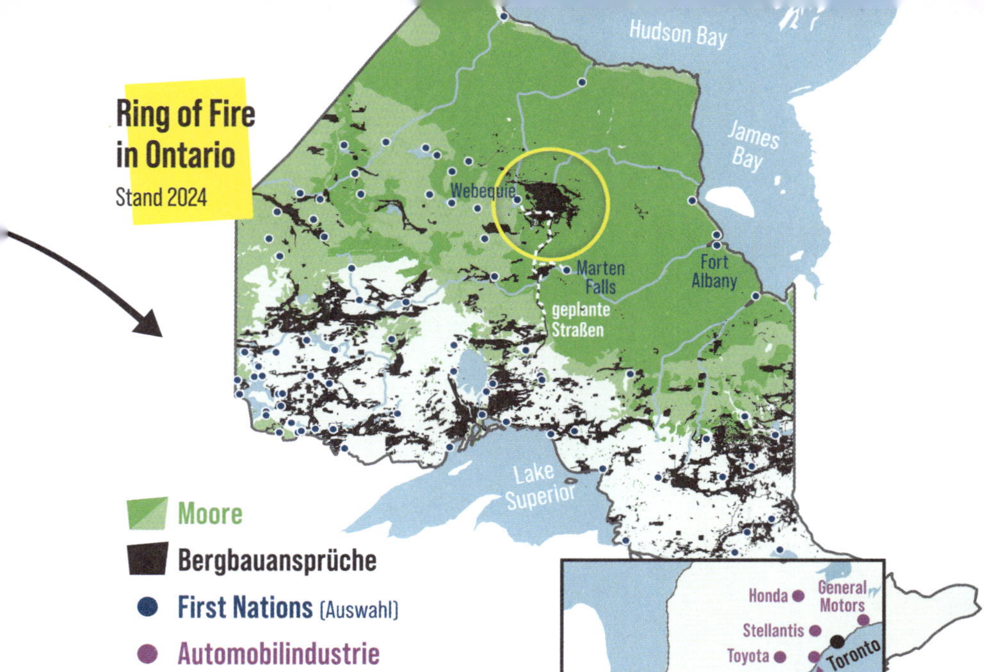

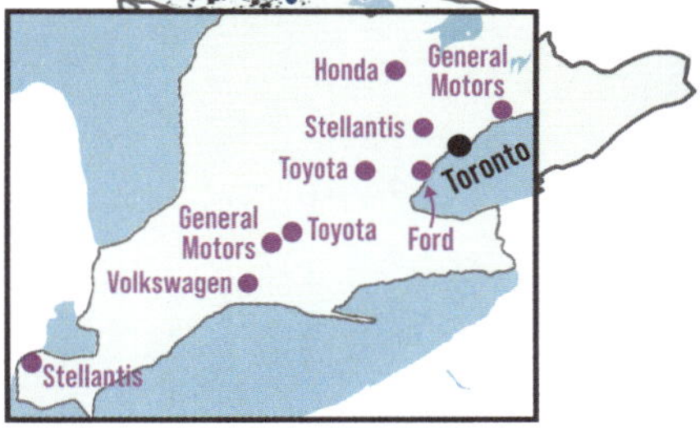

Aktuell planen Volkswagen und der niederländische Autohersteller Stellantis, Werke im Ring of Fire zu bauen. Sie sollen die benötigte Infrastruktur bringen. Zwei indigene Gemeinden, die Webequie und Marten Falls, denken, eine solche Straße könnte ihren Lebensstandard heben. Die anderen First Nations der Region protestieren. Sie sind abhängig vom Moor, seinen Karibus, Beeren und sauberem Wasser. Es sei das »atmende Land«, sagt Robert Nakogee von der Fort Albany First Nation. »Es sieht vielleicht aus wie Dollarscheine, aber für uns hier oben bedeutet es etwas anderes.« Moorforscherin Harris spricht von Verantwortung: Nach dem unterschriebenen Klimaabkommen von Paris muss Kanada den Kohlenstoffspeicher des zweitgrößten Moorkomplexes der Welt schützen.

MOORE
FÜR MENSCHEN

Blutsauger

Sowohl zum Herstellen von Sprengstoffen als auch von Wundverbänden braucht man Zellulose. Und da im Ersten Weltkrieg die Waffen wichtiger waren als ihre Opfer, suchte man eine Alternative.

Zwei Jahre nach Kriegsausbruch stellte Großbritannien 200.000 Torfmoosverbände pro Monat her, am Ende des Krieges waren es eine Million. »Ich wäre so froh, mehr […] zu bekommen«, schrieb die erste britische Ambulanzeinheit für Italien.

Anzahl der Torfmoosarten

Verteilung nach Michealis 2019

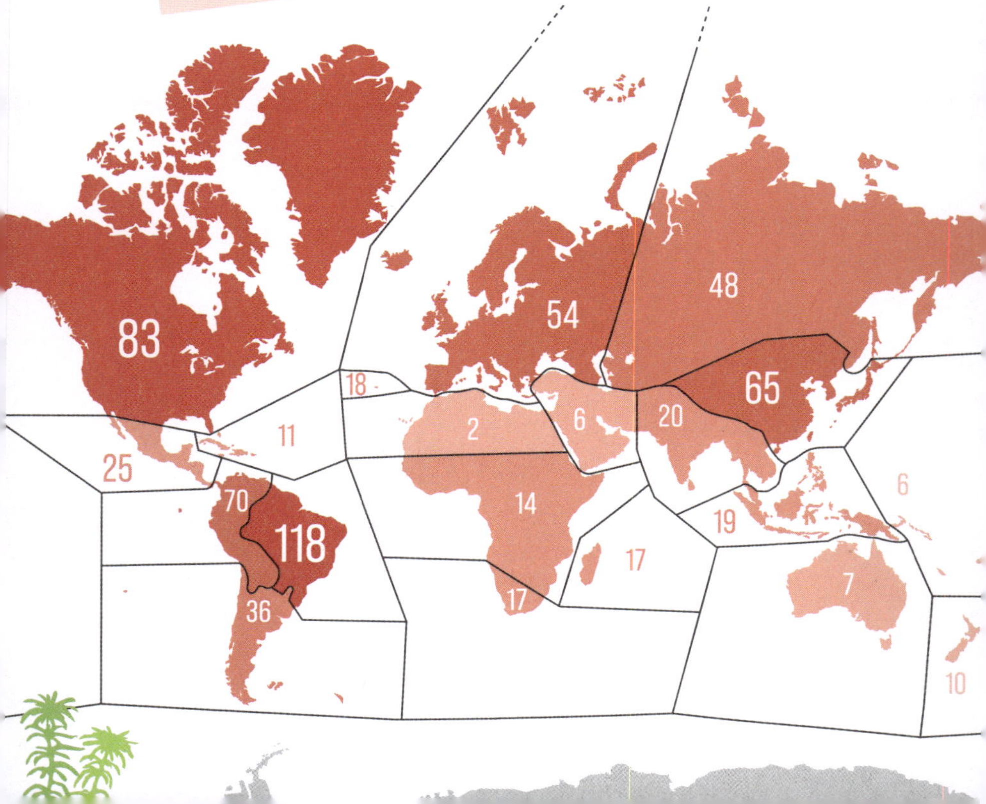

Drei Monate nach Kriegsbeginn berichtete *The Scotsman,* dass Torfmoosverbände mindestens doppelt so saugfähig seien wie Watte. Außerdem wirken die Torfmoose antiseptisch und können die Amputation von Körperteilen verhindern. In den Wirren des Krieges wollten der Chirurg Cathcart und der Botaniker Balfour die besten Moosarten finden. Von überall her ließen sie sich Moose senden. 1915 waren sogar Lehrer:innen dazu angehalten, mit ihren Klassen im Moor *Sphagnum palustre* zu sammeln – die Art war leicht am stumpfen Grün ihrer Blätter zu erkennen. Unter dem Titel »Sammeln Sie Sphagnummoos?« schrieb der Londoner *Graphic* ein Jahr später, die Produktion von chirurgischen Torfmoosverbänden sei in Schottland zu einem nationalen Industriezweig geworden und werde nun auf ganz Irland, England und Wales ausgedehnt. Frauen, Kinder und ältere Männer wanderten durch die Moore. Die Irische Bahn bot einen reduzierten bis kostenlosen Transport der Moose an.

Unklar ist einzig, warum es über diese Geschichte heute noch kein historisches Drama auf Netflix gibt – mit einer verliebten Sammlerin und einem verwundeten Soldaten, geheilt von Moosen aus dem Moor.

Was die lokale Bevölkerung mit dem Moor verbindet

Auswahl, Girley Bog, Irland

Das Moor im Menschen

Im Sommer 1980, als Matti Aikio geboren wurde, tötete eine Bärin 50 Rentiere. Sie war klug, jagte die Tiere in die Stellen des Moores, die so nass und weich waren, dass sie darin stecken blieben.

Es war ungewöhnlich, dass eine Bärin so viele Rentiere tötete. Hatte sie es ihren Jungen beibringen wollen? Einen Vorrat anlegen?

Matti erzählt die Geschichte bedächtig. Sie ist Teil von ihm, wie das Moor. Er wuchs in einer akademischen Sámi-Familie auf, mit Eltern, die für die Rechte der Sámi kämpften. Die Sommer verbrachten sie bei ihren Verwandten. Hier lernte er, wo er hintreten durfte und wo er weg wäre. Natürlich hatte er auch Ehrfurcht im Moor, aber eben so wie im Wald vor der Dunkelheit und auf den Bergen vor der Höhe. Matti liebte es, als Kind im Lávvu zu schlafen, am Rand des Moores Rötelmäuse zu jagen und Moltebeeren zu pflücken. In diesen Sommern lernte er auch, dass Moore die Autobahnen in der Landschaft waren. Auf den offenen Flächen konnten die Sámi ihre Tausenden Rentiere überschauen, die sie für Essen und Kleidung brauchen. Im Winter zogen sie über die gefrorenen Flächen. Im Sommer fanden die Rentiere in den Mooren Futter, schwammen durch tiefere Wasserlöcher und mieden die weichen Stellen. Die Rentiere brauchen die Moore. Die Sámi brauchen die Rentiere. »Als Sámi kennst du dein Moor«, sagt Matti.

Und auch wenn dies wie eine ferne Geschichte klingt, ist diese tiefe Verbundenheit überall. Ob in Finnland, Irland oder Deutschland – wir gehen in Moore, um innere Ruhe zu finden, um Nervenkitzel zu spüren, um Vögel zu hören, den Himmel zu berühren. Matti Aikio sagt, er könne die spirituelle Verbindung der Sámi zum Moor nicht erklären, aber es gebe sie. Sie existiert in uns und in jedem anders. In Mooren spürst du die Unsicherheit unter den Füßen und die endlose Weite vor dir, sagt Hans – das gibt mir, Swantje, Zuversicht, mutig voranzugehen. Was ist deine Verbindung?

Noah und das Rohrkolbenboot

»Wand, Wand, Schilfwand, Schilfwand. Atrachasis, höre auf meinen Rat, damit du ewig leben kannst. Zerstöre dein Haus, baue ein Boot, verschmähe den Besitz und rette das Leben.«

Die älteste Version der Flutgeschichte beschreibt, wie der Gott Enki Atrachasis detaillierte Baupläne beschafft. Mit einem Boot soll der gute Mann seine Familie und andere Lebewesen vor der Flutkatastrophe retten.

Die Geschichte wurde von vielen Kulturen und Religionen übernommen. Die Sintflut wurde als göttliche Strafe für die Verfehlungen der Menschheit gesehen, vor allem (wie das 1. Buch Mose 6,2 belegt: »Sie nahmen sich zu Weibern, welche sie nur wollten«) für die Gewalt gegenüber Frauen.

Faszinierend ist der erste Teil der Warnung: Warum sollte man sein Haus zerstören, wenn sowieso alles geflutet wird? Tatsächlich wurden in Mesopotamien für den Hausbau die gleichen Sumpfpflanzen verwendet wie für den Bau von Booten. Mit der Wieder-

verwendung des Rohstoffs tat Noah etwas, das heute als ideal gesehen wird: Kaskadennutzung.

Bewohner des Zweistromlands haben 1977 dem norwegischen Archäologen Thor Heyerdahl gezeigt, dass im August geschnittenes Berdi (Schmalblättrige Rohrkolben) fast unendlich Auftrieb erhält. Er baute ein Boot aus Berdi und erbrachte den Beweis: Fünf Monate lang waren er und seine Mannschaft auf dem Meer. Seine *Tigris* wäre noch länger seetüchtig gewesen, doch konnten sie wegen des damaligen Ogadenkriegs nicht in das Rote Meer einfahren und die internationale Besatzung verbrannte als Protest gegen den Krieg vor Dschibuti ihr Rohrkolbenboot.

Noah erkannte, dass die Flut vorbei war, als seine Taube mit einem Olivenzweig zurückkehrte. Seitdem stehen Taube und Olivenzweig für den Frieden zwischen den Menschen – und mit der Umwelt.

Moses und das Schilfmeer

Noch eine andere Geschichte: Nach dem biblischen Buch *Exodus* machte sich vor etwa 3.500 Jahren eine ziemlich lose Gruppe Israeliten aus der ägyptischen Versklavung auf den Weg zum »gelobten Land«. Während ihrer 40-jährigen Reise unter der Führung von Mose entwickelten sie ein Selbstbild, ein von Gott auserwähltes und anderen überlegenes Volk zu sein. Zentral für diese Reflexion war die Durchquerung des Roten Meeres. Der Erzählung nach laufen die Israeliten fest, das Wasser des Meeres wird geteilt und sie ziehen auf trockenem Boden weiter, während die verfolgenden Ägypter ertrinken, als sich das Meer wieder schließt. Dieses Ereignis wird auf Hebräisch als Kriat Yam Suph (קריעת ים סוף) beschrieben, was »Teilung des Schilfmeers« bedeutet. Wahrscheinlich sind die Israeliten nicht durch das Rote Meer, sondern durch einen Sumpf mit Papyrus gezogen. Über von Papyrus gebildeten, torfigen Schwingrasen können Menschen laufen, indem sie die Halme zur Seite biegen. Streitwagen und Pferde trägt die Matte aber nicht.

Moor und Meer

Moore, Meere und Seen waren, bevor die Menschen vor 6.000 Jahren anfingen, die Urwälder in unseren Gegenden zu roden, die einzigen offenen, nicht mit Wald bedeckten Landschaften. Spannenderweise haben diese Landschaften zum Teil noch heute ähnliche Namen.

Wörter mit gemeinsamem Ursprung, aber unterschiedlichen Bedeutungen

historische und moderne Wortformen

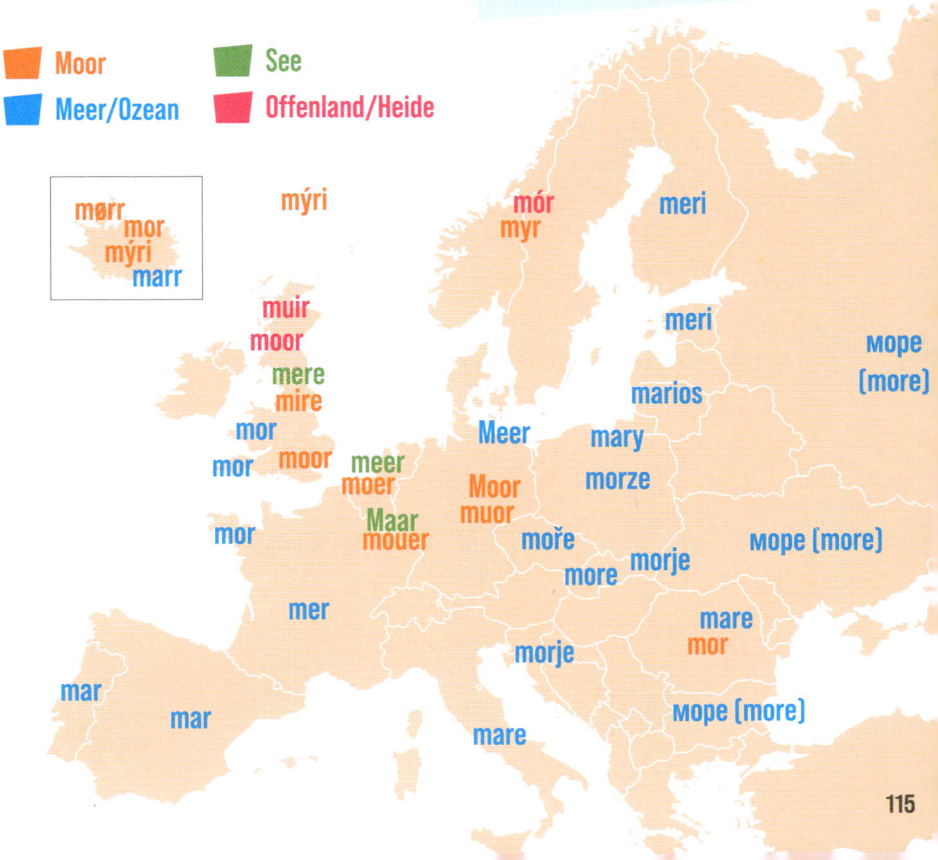

Dem Krieg eine Grenze

Im Januar 2023 verbündet sich eine ukrainische Einheit mit den Bibern. Normalerweise zerstören die Menschen im Norden der Ukraine die Biberdämme, wollen ihre Felder und Bäume nicht geflutet sehen. Aber dieses Jahr nicht. Dieses Jahr herrscht Krieg und es ist das Wasser in den Prypjatsümpfen, das sie vor den Angreifern schützt.

Einen Moment zuvor hatte der oberste ukrainische General vor einem Angriff über Belarus gewarnt. Schon einmal hatte dessen Präsident Aljaksandr Lukaschenka Putin gestattet, über Belarus in die Ukraine einzumarschieren. Das war Ende Februar 2022 gewesen, zu Beginn des Angriffskriegs, als die Idee noch war, Kyjiw auf einen Schlag einzunehmen. Damals hatte Putin einen Teil seiner Armee nördlich auf direktem Weg durch die Sümpfe schicken wollen, aber vergessen, ihnen geländetaugliche Fahrzeuge mitzugeben. Um nicht einzusinken in dem riesigen Sumpfgebiet zwischen Belarus und der Ukraine, mussten die Kolonnen die wenigen Straßen nehmen und gerieten ins Stocken. Fotos der stillstehenden Panzerkolonnen gingen um die Welt. Dabei hätte gerade Putin, Präsident eines der moorreichsten Länder der Welt, es wissen können.

Seit jeher sind Moore mit die effektivsten Verteidigungslinien. Zu Beginn des Zweiten Weltkriegs fluteten die Niederlande Moorwiesen, um die deutsche Armee aufzuhalten. Gleiches wiederholten die Deutschen bei ihrem Rückzug. Einer, der es mal wirklich durch den Sumpf schaffte, war der dänische König Waldemar. Auf einem Feldzug nach Rügen 1171 stieß er auf eine üppig bewachsene Oberfläche, die jedoch kaum fähig war, auch nur einen Menschen zu tragen. Ihr Ziel klar vor Augen, legten die Dänen ihre Waffen ab, zogen die Rüstung aus und gingen hinein. Zwei Tage kämpften sie sich so durchs Moor. Die Gegner östlich der Trebel verblüffte dieser Einsatz so sehr, dass sie aufgaben. Nach der Wende baute man an ungefähr gleicher Stelle die Autobahn der Deutschen Einheit A20, die aber 2017 zerbrach. Zwar meinen Menschen, selbst Grenzen ziehen zu können, doch das Moor hat sie dabei fest im Griff. Die Klugen machen sich das zu eigen.

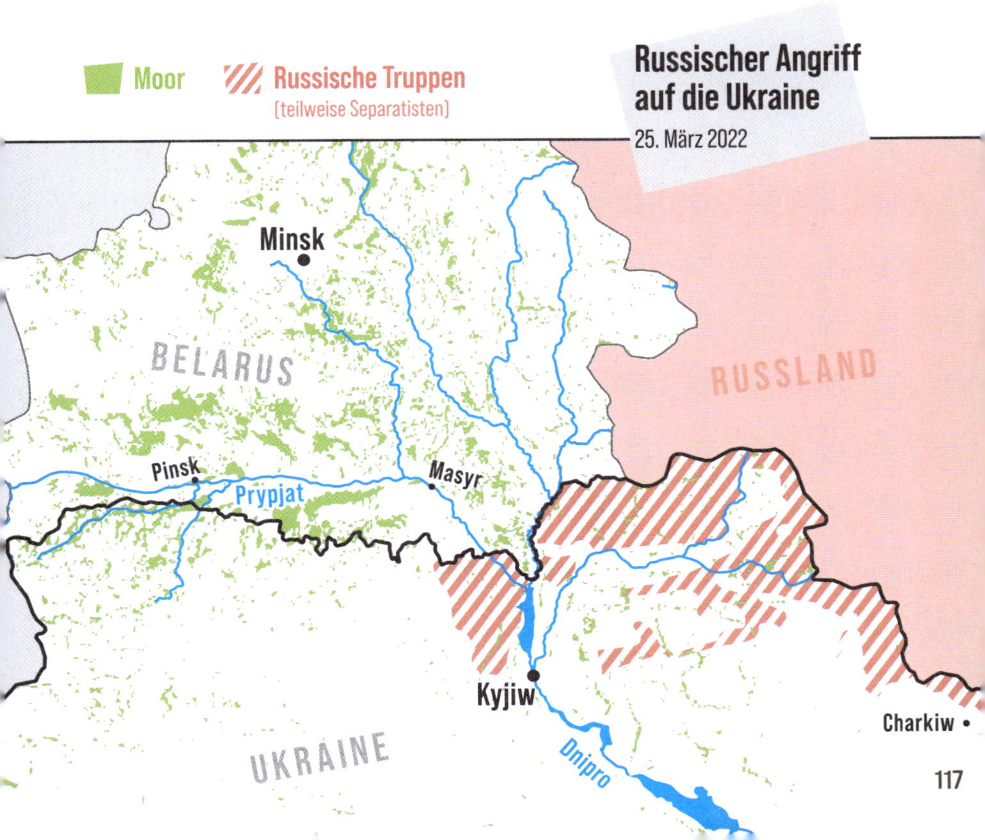

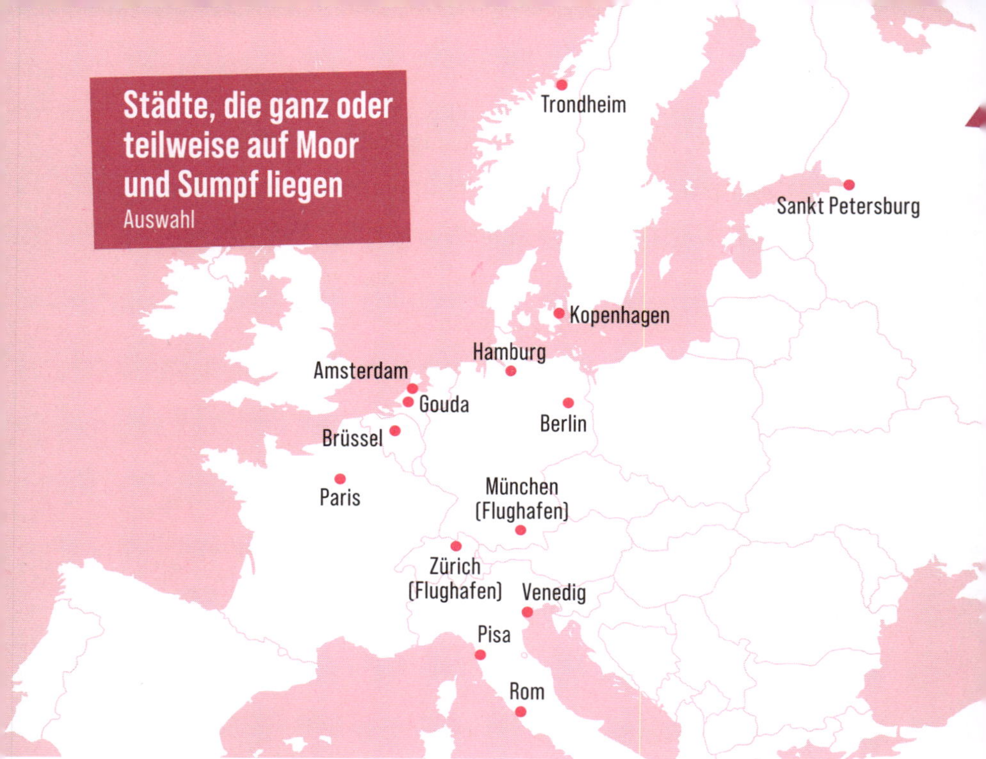

Das Geheimnis der rosa Rohre

An all die Großstadtkinder unter uns – es ist an der Zeit, in unsere Füße hineinzufühlen und uns zu erinnern, dass die Stabilität nur ein Schein ist. Es wurden unzählige Städte auf dem Moor gebaut. Denn dort wo Moore gern leben, an Flüssen oder am Meer, sind auch die strategisch günstigsten Orte, um eine Stadt zu bauen. Natürlich sind Moore am liebsten nass und schwammig, während Städte einen trockenen und tragfähigen Baugrund für ihre Häuser, Straßen und Industriebauten brauchen. Dies hinderte die Menschen aber nicht, im Gegenteil:

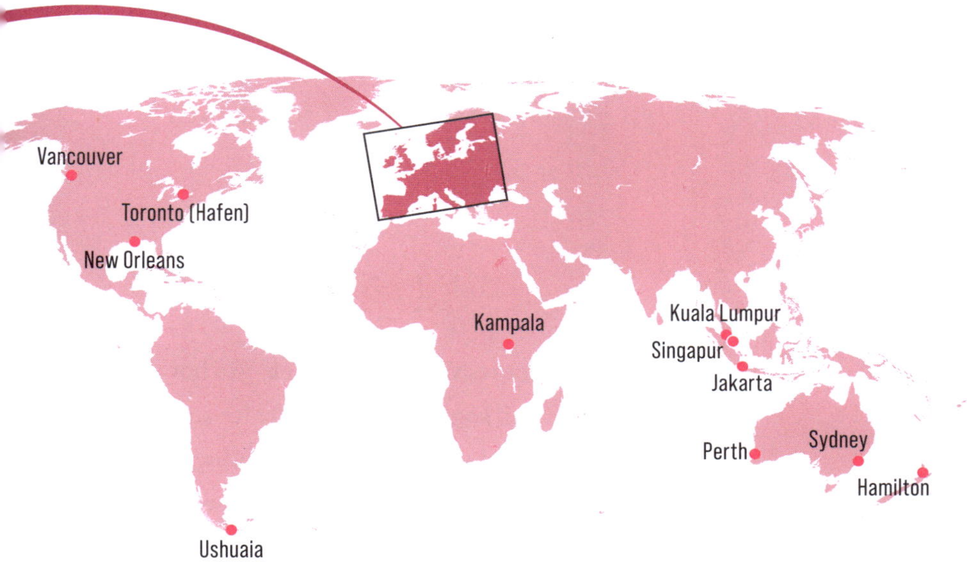

In den sumpfigen Bereichen Berlins rammten die Stadtplaner des 17. Jahrhunderts einfach 40.000 Pfähle in den Boden und schufen so die Museumsinsel. Zudem schütteten sie massenhaft Sand auf. Die gesamte Innenstadt ist mit ein bis zwei Metern mineralischem Boden aufgefüllt worden, wie Bohrungen der Preußischen Geologischen Landesanstalt um 1900 zeigten. Manche ehemaligen Moore liegen bis zu 7,25 Meter tief begraben. Das Bevölkerungswachstum, all die Wohnblöcke und neu gezimmerten Fabriken vernichteten die »Innenstadtmoore« später dann völlig. Heute gibt es innerhalb des S-Bahnrings keins mehr. Mit steigender Bevölkerung baute Berlin eine zentrale Wasserversorgung auf, wodurch auch die Moore des Grunewalds schlichtweg verdursteten.

Der berühmte Mediziner Rudolf Virchow leitete zudem an, sogenannte Rieselfelder anzulegen, auf denen man stark verunreinigtes Abwasser versickern ließ. Die Feuchtgebiete bei Wartenberge, die ihr Wasser von dort bezogen, brachte dies vollkommen durcheinander. Als die Berliner:innen sich endlich ihrer verkümmernden Untermieter bewusst wurden, versuchten sie, sie mit allerlei Richtlinien zu schützen, sie drehten ihren Wasserverbrauch zurück, ja begannen, in manche Moore sogar wieder Wasser hineinzupumpen. Heute liegen die verbliebenen 740 Hektar Moor in den weniger dicht besiedelten Randbezirken und sind kaum mehr als solche zu erkennen.

Andere Städte, besonders in den Niederlanden, versinken mit dem Moor. So sackt die niederländische Stadt Gouda auf ihrem entwässerten, sich zersetzenden Torfboden jährlich drei bis zehn Millimeter ab. Der Boden der Käsestadt ist »slapp«. Risse ziehen sich durch die Wände, die Türstürze sind uneben und die Bewohner:innen leiden unter kaputten Abflüssen. Kosten für die Schäden am Fundament und Infrastruktur werden landesweit bis 2050 auf 80 Milliarden Euro geschätzt. Wie auch immer das Zusammenleben in der Stadt mit dem Moor in Zukunft aussieht: Die Ökosysteme vollkommen zu übergehen, funktioniert nicht.

Berlin ist also auf Moor gebaut und sobald man tiefer gräbt, muss Wasser abgepumpt werden. Dieses wird durch ein 60 Kilometer langes Netz rosafarbener Rohre zur Spree oder in andere Kanäle transportiert.

Warum rosa? Das ist die Lieblingsfarbe aller kleinen Kinder, fand ein Team rund um das das Rohrunternehmen 1992 heraus.

Malweiber sind Moorweiber

»Unsere heutigen Notizen müssen wir leider beginnen mit dem Ausdruck tiefen Bedauerns darüber, dass es so unqualifizierten Leistungen wie den sogenannten Studien von Marie Bock und Paula Becker gelungen ist, den Weg in die Ausstellungsräume unserer Kunsthalle zu finden.« Der Bremer Kunstkritiker und Maler Arthur Fitger war 1899 fassungslos. Da »reicht der Wortschatz einer reinlichen Sprache nicht aus«, schrieb er im Feuilleton des Weser-Kuriers. Paula und Marie hatten gezeigt, was in ihnen steckte – jedoch als Frauen. In einem Deutschland, in dem Frauen höchstens noch zu einer Zeichenlehrerin ausgebildet wurden, erkämpften sie sich mutig, radikal und selbstbewusst einen Platz zwischen den Malern. An einem Ort, der offen für jede und jeden ist: dem Moor.

Als Paula 1897 nach Worpswede kam, war sie ganz außer sich: »Schönes braunes Moor, köstliches Braun! Die Kanäle mit den schwarzen Spiegelungen, asphaltschwarz. Die Hamme mit ihren dunklen Segeln, es ist ein Wunderland, ein Götterland.« Auch ihre Freundin Marie hatte ein Jahr zuvor das Moor nach Worpswede gezogen. Gesehen hatte sie es auf dem Bild *Abend im Moor* von Fritz Overbeck, dessen Frau Hermine Rohte ebenso das Moor malte, aber nie aus dem Schatten ihres Ehemannes treten konnte. Am Rande des Teufelsmoores nun, nördlich von Bremen, konnten die Frauen sie selbst sein. »Ist es nicht ein Geschenk, diese Herrlichkeit alle so empfinden zu können? … Unermüdlich will ich danach streben mit all meinen Kräften. Auf daß ich einst etwas schaffe, in dem meine ganze Seele liegt,« so schrieb Paula in ihr Tagebuch. Mit dickem Farbauftrag und einfachen Formen wurde sie eins mit dem Moor.

Währenddessen zog in Süddeutschland das Moor bei Dachau Künstlerinnen an. Die als »Malweiber« verspotteten Frauen hielten auf ihren Leinwänden die weiten Moosfelder, die Weiden und Birken an den Wasserläufen fest – in einem solchen Ausmaß, dass die Bauern regelrecht verärgert waren über das zertrampelte Gras und die Ölfarbreste darin. Eine von ihnen war Anna Klein, die den Sommer über in Dachau malte. Erst jetzt, 80 Jahre nachdem sie von den Nationalsozialist:innen als »entartet« erklärt und ermordet wurde, wird ihr besonderes Werk sichtbar. Noch weiter südlich entdeckten Gabriele Münter und ihr Lebensgefährte Wassily Kandinsky das Moor von Murnau für sich. Gabriele Münter malte die moorigen Wiesen vor blau-schimmernden Alpen – der Ort, an dem eine der bekanntesten deutschen Künstlervereinigungen entstand: der Blaue Reiter. So ist und bleibt das Moor ein Ort, an dem fühlende Menschen etwas Einzigartiges finden – auch wenn nicht jeder in der Lage ist, dies anzuerkennen.

Auch Männer malen manchmal Moor

Künstler und ihre Werke

Albrecht Dürer

»Weiher im Walde«

1495

Caspar David Friedrich

»Wiesen bei Greifswald«

1820/1822

Vincent van Gogh

»Zwei Frauen im Moor«

1883

Mit Gummistiefeln ins Kino

1930

- Jagd auf James A. (I am a Fugitive from a Chain Gang)
- Swamp Fire

1945

- African Queen (The African Queen)
- Der Schrecken vom Amazonas (Creature from the Black Lagoon)

1950

- Swamp Country
- Curse of the Swamp Creature

1965

- Zaat
- Frogs – Killer aus dem Sumpf (Frogs)
- Papillon

1970

- · Sumpf des Grauens (Terror in the Swamp)
  · Komm und sieh (Иди и смотри)
- · Down by Law
  · Die Reise ins Labyrinth (Labyrinth)
- Die Braut des Prinzen (The Princess Bride)

1985

- Killer Krokodil 2 – Die Mörderbestie (Killer Crocodile 2)

1990

- · Marvel's Man-Thing (Man-Thing)
  · Swamp Zombies
- Hatchet
- Angiralus – Es reißt dich in Stücke (Razortooth)
- · Tatort: Borowski und das Mädchen im Moor
  · Defiance – Für meine Brüder, die niemals aufgaben (Defiance)

2005

- Küss den Frosch (The Princess and the Frog)
- The Hunter
- Sherlock – Die Hunde von Baskerville, Serie (Sherlock – The Hounds of Baskerville)
- Mega Alligators – The New Killing Species (Ragin Cajun Redneck Gators)
- · Bikini Swamp Girl Massacre
  · SnakeHead Swamp
  · True Detective (Serie)

2010

2025

Filme, die im Moor spielen

nach Erscheinungsjahr, Deutscher Titel (Originalitel)

1935

- Revenge of the Zombies
- In den Sümpfen (Swamp Water)

1940

- Yellowneck
- Die Rache des Würgers (Bride of the Monster)
- Vier Frauen im Sumpf (Swamp Women)
- Flucht in Ketten (The Defiant Ones)
- Katakomben des Grauens (Attack of the Giant Leeches)

1955

- Onibaba (鬼婆)
- Egon und das achte Weltwunder

1960

- Creature from Black Lake
- Bernard und Bianca – Die Mäusepolizei (Disney's The Rescuers)
- Doctor Who – The Power of Kroll (Serie)
- Bog – Das Ungeheuer aus den Sümpfen (Bog)

1975

- Die Unendliche Geschichte
- Krull
- Das Ding aus dem Sumpf (Swamp Thing)
- American Werewolf (An American Werewolf in London)
- Star Wars: Episode V – Das Imperium schlägt zurück (Star Wars: Episode V – The Empire Strikes Back)

1980

- Mosquito
- Trainspotting – Neue Helden (Trainspotting)

1995

- Harry Potter und der Gefangene von Askaban (Harry Potter and the Prisoner of Azkaban)
- Der Herr der Ringe: Die Gefährten (The Lord of the Rings: The Fellowship of the Ring)
- Shrek – Der tollkühne Held (Shrek)
- O Brother, Where Art Thou? – Eine Mississippi-Odyssee (O Brother, Where Art Thou?)
- Crocodile

2000

- To Walk Invisible
- Swamp Ape
- Amphibia (Serie)

2015

- Oderbruch (Serie)
- Das Erwachen der Jägerin (The Marsh King's Daughter)
- Moloch
- Das Wunder (The Wonder)
- Der Gesang der Flusskrebse (Where the Crawdads Sing)

2020

EIN MOOR-KRIMI

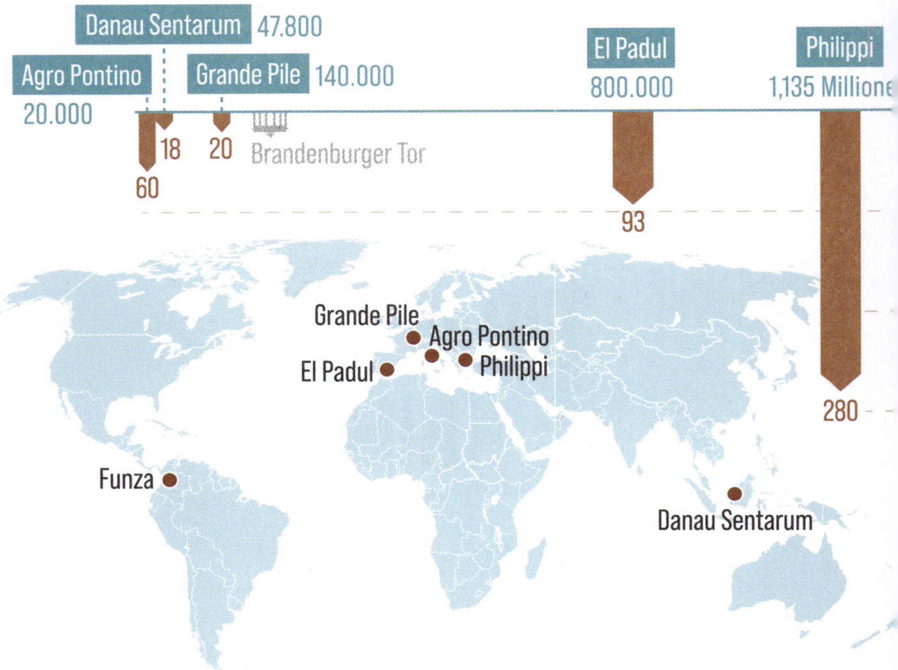

Eigentlich unsterblich

Mit dem Alter kommt die Weisheit. Und es kommen die Probleme. Das ist bei Mooren nicht anders. Einerseits können ältere Moore mit besseren Selbstregulationsmechanismen effektiver mit Problemen umgehen. Andererseits halten sie, wenn sie größer und dicker werden, auch mehr Wasser fest. Und das macht sie schwächer. Sie versuchen, dies zu lösen, indem sie mehr Oberflächenstrukturen bilden, »Falten« könnten wir sagen. Werden sie aber zu nass, dann brechen sie schlichtweg auseinander. Und wenngleich es barbarisch aussieht, tötet so ein Moorausbruch das Moor nicht, er verjüngt es.

Alter spielt somit bei Mooren nicht die entscheidende Rolle. In dieser Hinsicht unterscheiden sie sich von Menschen. Ob ein Moor überhaupt einen natürlichen Tod sterben kann, wissen wir nicht.

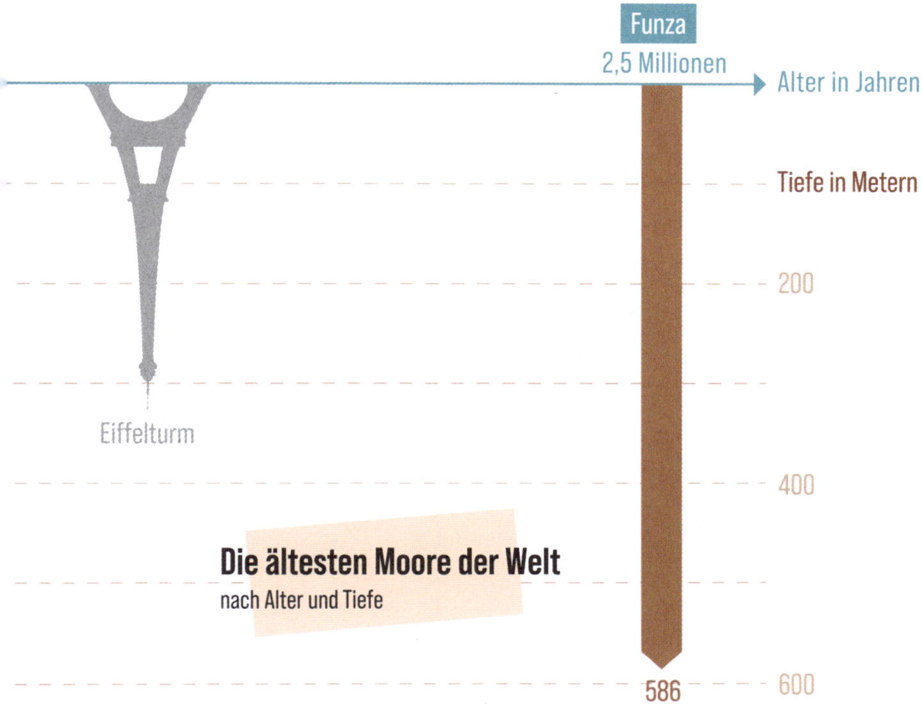

Denn wir finden keine Moore, die bereits vor längerer Zeit gestorben sind. Auch die allermeisten Menschen, die jemals auf der Erde gelebt haben, haben keine Spuren hinterlassen. Deshalb wissen wir nicht, ob Moore ewig leben könnten.

Von den Inlandmooren um Palanka Raya (Borneo) wissen wir zumindest, dass sie »zu früh« verstarben. Sie verkrafteten das stärker werdende Klima-Phänomen *El Niño* vor 2.000 Jahren nicht und vertrockneten. Seither verlieren sie etwa 1 Millimeter Torf pro Jahr.

Daran sehen wir: Moore sterben nicht von selbst. Ihr Tod hat externe Ursachen. Diese lassen sie verdursten, ertrinken, wälzen sie um oder begraben sie bei lebendigem Leibe.

Das alles kann natürlichen Ursprungs sein. Kann.

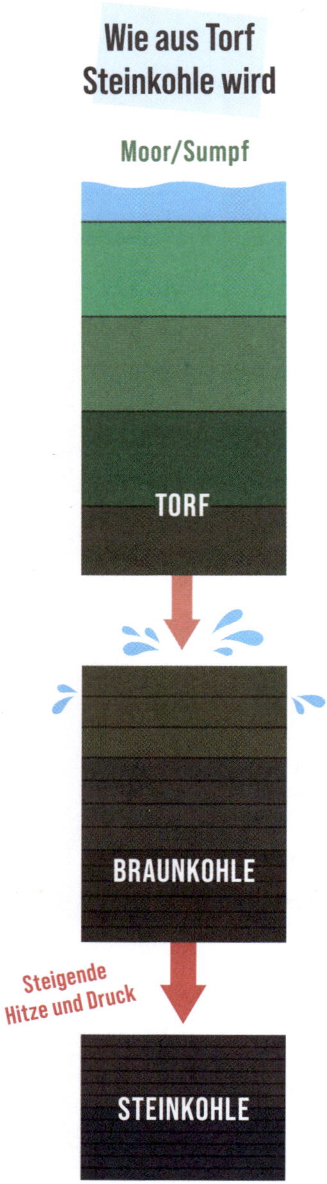

Lebendig begraben

Der Unterschied zwischen fossilen und erneuerbaren Brennstoffen liegt genau genommen nicht in der Erneuerbarkeit. Torf, Steinkohle und Erdöl erneuern sich auch. Jeden Tag entsteht Neues davon.

Unsere fossilen Brennstoffe stammen weitgehend von begrabenen Mooren. Das meiste, was heute Steinkohle ist, war vor etwa 300 Millionen Jahren tropischer Torfsumpfwald. Damals wuchsen die Moore sehr üppig – das Klima war warmfeucht und die CO_2-Konzentration in der Atmosphäre sehr hoch. Im Laufe der Zeit rutschten ihre Torfe durch Plattenbewegungen in die Erde hinein, wo der hohe Druck und die hohen Temperaturen sie in Kohle umsetzten.

Dieser Prozess kostet an sich nicht viel Zeit, mit Nassverkohlung kriegt man das heutzutage industriell in einigen Stunden hin. Das braucht aber einen Druck von 22 Bar und eine Temperatur von 220 Grad Celsius. In der Natur bringen nur die sich langsam verschiebenden Erdplatten die Torfe in eine solche Situation.

So werden an einigen Stellen heute noch immer Moore beerdigt und letztendlich Braun- und Steinkohle gebildet. Aber eben viel, viel weniger, als wir tagtäglich verbrauchen.

Normalerweise wird totes Pflanzenmaterial bei seiner Verrottung von Mikroben vor allem in CO_2 umgewandelt. Verwenden wir solche Biomasse als Brennstoff (unabhängig davon, ob sie 1, 100 oder 1.000 Jahre alt ist), leiten wir den Abbau um: Statt Mikroben nutzen nun Menschen die bereitgestellte Energie. Die Endprodukte (CO_2 und H_2O) sind aber dieselben und die gleiche Menge CO_2 gelangt in die Atmosphäre. Kohlenstoff im Torf (unabhängig von seinem Alter) kehrt dagegen natürlicherweise nicht als CO_2 in die Atmosphäre zurück. Bei der Verbrennung von fossilen Brennstoffen wie Torf wird Kohlenstoff als CO_2 in die Atmosphäre ausgestoßen, der sonst im Langzeitspeicher geblieben wäre.

Deshalb müssen wir aufhören, fossile Brennstoffe zu nutzen, egal welche: Steinkohle, Braunkohle, Erdöl, Erdgas oder eben Torf. Was beerdigt ist, sollte nicht wieder ausgegraben werden.

Moorhaltestellen

auf der Strecke von Berlin nach Stralsund, Angaben in Fahrtrichtung, Auswahl

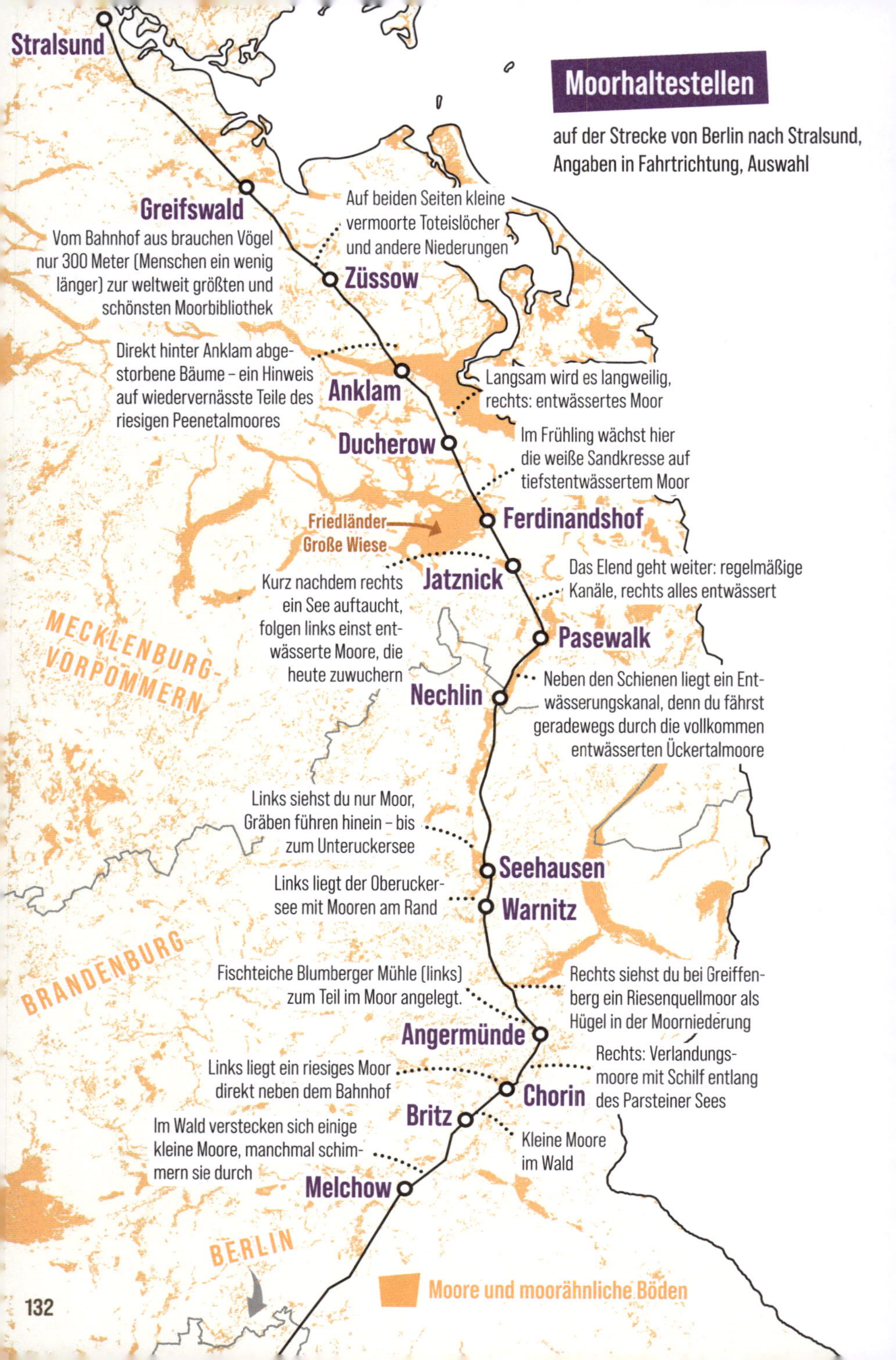

Aufklärung eines Serienmordes

Es war einmal ein Sumpfland, über dem der Nebel waberte und die Mücken in solch dicken Schwärmen schwirrten und so laut waren, »als würden in der Ferne die Trommeln gerührt«. Nur wenige Menschen lebten zwischen den von Ried umrahmten Tümpeln und dichten Erlenwäldern. Es war ein Ort der Frösche, der Störche und Wildschweine – der sich 56 Kilometer entlang der Oder erstreckte. Es war ein Deutschland, in dem Moore noch lebten. Die Zeit um 1770 scheint wie ein gruseliges Märchen, in dem die Hälfte der Kinder sterben, bevor sie zehn werden, in dem Missernten und Epidemien zu Hunger führen und Wölfe durch die Wälder und Sümpfe ziehen. Zugleich wuchs die Bevölkerung stetig, es brauchte neues Land. Und das gab es: Große Flächen im Norden und Osten aus ungenutztem Morast. »Die Natur, die sonst überall in ihrer Jugend erstrahlt, erscheint hier im Verfall; die Erde [ist hier] überwältigt von den Abfällen ihrer eigenen Hervorbringungen [...]: in allen niederen Zonen, tote und faulige Gewässer, aus Mangel an Führung und Lenkung«, schrieb der französische Naturforscher Buffon 1764. Er war der Überzeugung, nur der Mensch könne eine schöne, eine nützliche

Natur schaffen: »Lasst uns diese Sümpfe austrocknen [...], lasst uns Bäche und Kanäle anlegen«. Damit hatte er den Zeitgeist auf seiner Seite. Sümpfe und Moore waren die dunklen, übelriechenden Flecken in der Schöpfung. Der Mediziner Johann Jacob Bräuner war davon überzeugt, dort kämen die Krankheiten her. Rousseau fand zwar die Trockenlegung sinnlos und zerstörerisch und war der Ansicht, sie würde einfach nur dazu dienen, das Ego bestimmter Herren zu pushen, stand damit aber ziemlich allein da. Im 18. Jahrhundert konnte man es sich einfach nicht leisten, Flächen für Vögel und Frösche brachliegen zu lassen.

»Ein Sumpf zieht am Gebirge hin,
Verpestet alles schon Errungne;
Den faulen Pfuhl auch abzuziehn,
Das Letzte wär' das Höchsterrungne.
Eröffn' ich Räume vielen Millionen,
Nicht sicher zwar, doch tätig-frei zu wohnen.«

Goethe, Faust II

Seit Jahrhunderten schon hatte man vergeblich versucht, das Ödland zu bezwingen. Es brauchte einen unbrechbaren Willen, Vision und Macht. Und endlich – mit Friedrich dem Großem – kam all das zusammen. Dieser Friedrich war eine fühlende Seele, die Flöte spielte, Gedichte schrieb und es als »erste aller Künste« verstand, Ländereien urbar zu machen. Mit dem Trockenlegen der Sümpfe im Oderbruch – so meinte er – konnte er Land im Frieden erobern. Er schickte einen Niederländer, einen Kartografen und einen Mathematiker in den Sumpf. Doch trotz ihrer ausgeklügelten Pläne wurde das Land nicht trocken. Fieberepidemien brachen aus. Mit Körben und Schaufeln hüfttief im Wasser waren seine Arbeiter den Malariamücken der Sümpfe ausgeliefert. Nervös und ungeduldig verfolgte Friedrich den nur langsamen Fortschritt und schickte Ärzte aus Berlin. Doch die Arbeiter standen nicht nur dem Fieber gegenüber, sondern auch einer an Irrlichter glaubenden ansässigen Bevölkerung, die das Projekt sabotierte. Und als wär das nicht schon genug, schwemmten obendrein Frühjahrshochwasser die halbfertigen Deiche weg. Friedrichs Geduldsfaden riss. Er schickte Soldaten, ganz der Sohn seines Vaters, und beendete das Projekt mit militärischem Drill. Sümpfe ließen sich nur mit Gewalt bezwingen. Doch was für ein Sieg: Hier war es nun, das neue Land! Als hätte ihn die Sucht gepackt, machte Friedrich bei jedem weiteren Sumpf, den er entdeckte, neue Entwässerungspläne. Während so die Sümpfe verschwanden, wuchs Preußen stattlich heran! Friedrich hatte es geschafft. Neugewonnener, nun nutzbarer Boden sah zum ersten Mal Luft und Licht.

Auf den Hochmooren im Westen Deutschlands wurde unterdessen Moordorf ausgebaut – die berüchtigte und wohl größte Hochmoorkolonie. Denn ja, man konnte etwas Nützliches aus dem unberechenbaren Ödland machen. In die hoffnungsraubenden, endlos kargen Moorflächen Dörfer bauen. Unter den dicken Moospolstern lag ein Schatz, schwarzes Gold – Torf. Stach man ihn aus dem Moorkörper und trocknete man die organische Masse, war sie wunderbar glühendes Brennmaterial. Friedrich schrieb ein Edikt:

Die Moräste durften nicht ohne Anbau bleiben! Ein Jahr später teilte die preußische Verwaltung die Moore auf und gab sie allen, die ihr Glück versuchen wollten. Tagelöhner, ausgediente Soldaten oder einfach vor der Überbevölkerung Fliehende – im Moor lag ihre Hoffnung auf ein eigenes Stück Land. Doch die wahllose, unorganisierte Kolonisation, die kleinen Grundstücke und zu viele Kinder ließen sie zunächst in Armut versinken.

Es gab auch andere Kolonien, in denen die Moorbauern ihren Moorkolonisator wie einen Vater liebten. Denn dieser »Vater« hatte vor der Kolonisation das Moor zu verstehen versucht wie keiner sonst: Moorkommissar Jürgen Christian Findorff schnitt den Körper des Moores auf und studierte es, ganz wie die Ärzte seinerzeit ihre Leichen. Er warnte vor einer Entwässerung aufs Geratewohl, so entstehe »die elendste Einteilung, eine Verstümmelung des Moores, übel situierte Anbauungen, krumme Wege und Dämme«. Eine gute Moorkolonie hatte einen Kanal in der Mitte, der das Moor entwässerte, den Brenntorf mit Booten wegschiffen ließ und mit der weiten Welt verband. Findorff wusste auch: »Je sumpfiger und wasservoller das Mohr ist, desto behutsamer muß mit der Grabenarbeit gleich anfangs verfahren [...] werden«. Dank dieses Wissens konnte er nicht nur 42 neue Dörfer bauen, den Lebensunterhalt von 5.000 Menschen sichern und wurde Held seiner Zeit. Nein, er legte auch den Grundstein der modernen Moorforschung. Er erkannte den Zusammenhang zwischen Klimaveränderungen und Torfarten und wusste schon damals, dass sich das Moor nicht von den Schäden erholen konnte. Doch obgleich er die

Natur schwinden sah, stand fest, wem er den Vorzug gab. In eine lautlose Ödnis brachte er lachende Kinder und Rinder mit fetten Eutern. Eine bessere Welt.

Zwei Weltkriege später konnte man durch das Moor Haltung wahren. In Ostdeutschland sollte man mehr Fleisch konsumieren können als im Westen. Durch die Entwässerung der verbliebenen Moorflächen Mecklenburg-Vorpommerns – genau derer, die man auf der Zugfahrt von Berlin nach Stralsund sieht – konnte der Osten die Selbstversorgung und seine politischen Ziele sichern. Die Gräben entwässerten und verbesserten den Boden, machten ihn überhaupt erst bewirtschaftbar. Kein Wunder, dass sich Egon in dem DDR-Klassiker genau in solch einem Kanal in der Friedländer Großen Wiese Hals über Kopf in Christin verliebt. Hier lag die ostdeutsche Sicherheit, die landwirtschaftliche Zukunft.

Nur schlägt das Moor jetzt zurück. Es ist kein passives Opfer, das brutalst ermordet in der Gegend herumliegt. Wir erleben es als schönes, produktives Kulturland. Doch unter dem Wasserverlust verrottet es, schrumpft, sackt ab, gast aus und vergiftet. Während wir dachten, dass wir gewinnen – haben wir verloren.

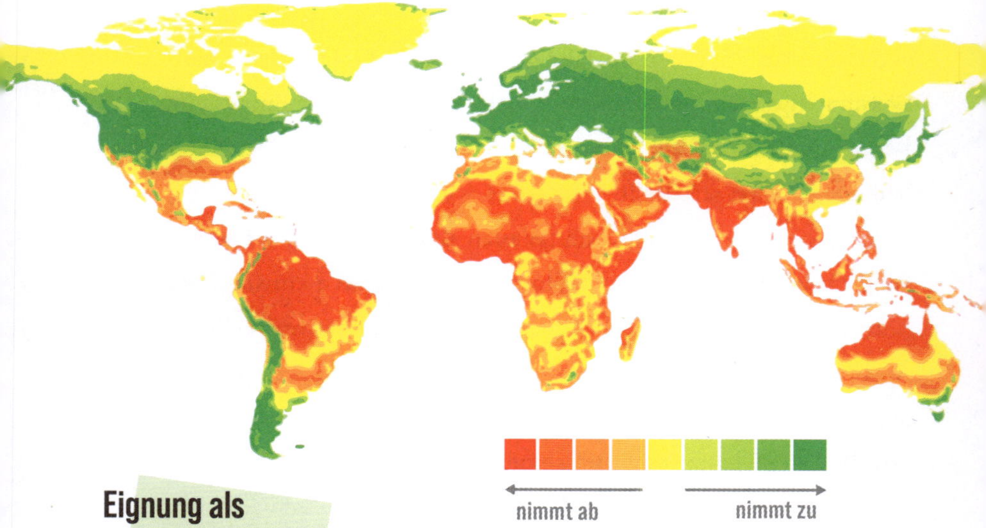

Eignung als menschlicher Lebensraum
bei 2,7 Grad Erderwärmung

Wer mit dem Moor stirbt

Seit 1980 hat die Moorentwässerung in Deutschland es einer Million Menschen auf der Erde unmöglich gemacht, menschenwürdig zu leben. Wenn wir nichts ändern, werden es am Ende dieses Jahrhunderts fünfmal so viele sein. Fünf Millionen Menschen, die flüchten oder – weil sie zu alt, zu jung, zu schwach sind – sterben. Diese Zahlen ergeben sich aus dem Anteil der deutschen Mooremissionen an allen Treibhausgasemissionen weltweit.

Während 1980 »lediglich« 12 Millionen Menschen bei mittleren Jahrestemperaturen von 29 Grad Celsius oder mehr leben mussten, sind es durch unsere weltweiten Emissionen inzwischen schon über 600 Millionen. Bei gleichbleibender Politik werden es im Jahr 2090 mehr als drei Milliarden sein. Jahresmitteltemperaturen von 29 Grad bedeuten: An 75 Tagen im Jahr ist es über 40 Grad Celsius heiß. Das kann tödlich sein, weil lebenswichtige Proteine und Enzyme im Körper nicht mehr funktionieren. Ist dazu die Luftfeuchtigkeit hoch, stirbt man noch schneller, weil der Körper sich durch Schwitzen nicht mehr kühlen kann. Ohne äußeren Schutz können Menschen dann nicht mehr leben. Aber in vielen Gebieten, wo derartige Temperaturen erreicht werden, kann sich die Mehrheit der Menschen isolierte Häuser und Klimaanlagen nicht leisten. Es ist wichtig, dass wir alle uns die Zusammenhänge zwischen Emissionen, Klimawandel, Flucht, Migration und Krieg bewusst machen.

Brechen wir es aufs Moor runter: 60 Hektar Mais oder 75 Hektar Grünland auf entwässertem Moor versetzen jeweils jährlich einen Menschen auf der Erde mehr in diese extrem lebensfeindliche Lage.

Das ist keine Panikmache. Das sagen wir nicht, um Landwirt:innen Schuld zuzuschieben. Wir müssen uns aber klar machen, dass es nicht mehr nur um Geld, Sachschäden, um Kleinigkeiten geht: Es geht ums Überleben von Menschen. Dann darf man sich nicht länger hinter anderen verstecken, die mehr emittieren. Oder behaupten, dass Moore mit ihrem Anteil von sieben Prozent an den Gesamtemissionen Deutschlands (fünf Prozent weltweit) ja gar nicht wirklich etwas ausmachen.

Man muss Verantwortung für die Folgen des eigenen Handelns übernehmen. Und das gilt auch für Moore: für die Menschen, die entwässerte Moore bearbeiten; für die Menschen, die die Produkte kaufen; für die Politik, die noch immer eine entwässerungsbasierte Moornutzung erlaubt, ja subventioniert. Wir alle treiben den Klimawandel an und wir, und nur wir, können ihn in den Griff kriegen.

Deutschland, der Torfdealer

Mijn kinderen eten turf (Meine Kinder essen Torf) war lange Zeit (nach der Bibel) das meistverkaufte Buch in den Niederlanden. Und es stimmt: Die meisten Kinder essen täglich Torf. Denn der normale Boden ist nicht zuverlässig genug, um unsere Supermärkte mit Massenprodukten zu füllen. Deshalb verwendet der industrielle Gartenbau stattdessen Kultursubstrate. Damit du immer und überall hochwertiges Gemüse oder Obst kaufen kannst. Und Torf ist der wichtigste Substratrohstoff, weil er eigentlich viermal »Nichts« ist:

- Er besteht fast nur aus Hohlräumen (Poren) mit Wasser oder Luft, sodass die Pflanzenwurzeln trinken und atmen können.
- Er enthält kaum Puffersubstanzen oder Nährstoffe, sodass man genau hinzugeben kann, was die Pflanze braucht.
- Er ist nahezu frei von Krankheitserregern, Schädlingen und Samen anderer Pflanzen.
- Er kostet fast nichts – wenn man die Folgen des Abbaus ignoriert.

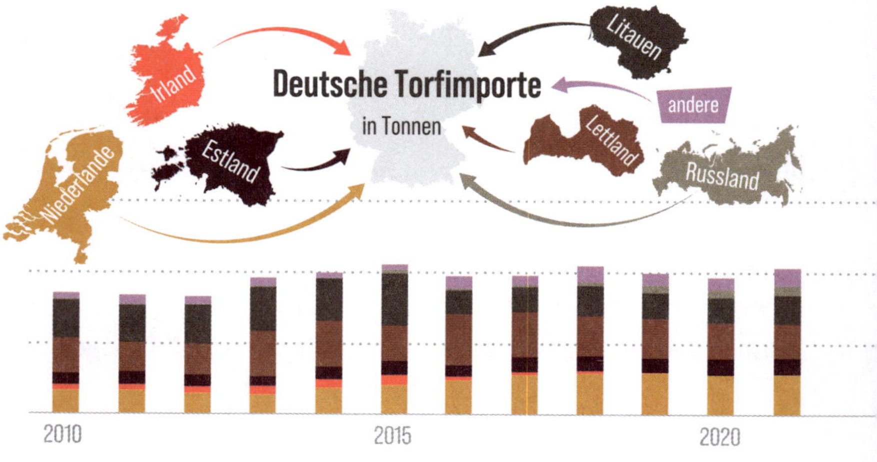

Torf wird in großem Umfang gehandelt, mit Deutschland und den Niederlanden als größte Dealer im internationalen Netz. In den Niederlanden wird bereits seit 1992 kein Torf mehr abgebaut und Deutschland geht rasch in die gleiche Richtung. Zeitgleich sind beide Länder (gemeinsam mit Kanada) die weltweit wichtigsten Torfhändler. Massenhaft importieren sie Torf aus dem Baltikum und exportieren, was sie selbst nicht nutzen, zu Substrat verarbeitet nach Südeuropa und darüber hinaus.

Wir wollen uns in Zukunft gesünder und klimafreundlicher ernähren, werden also zunehmend auf tierische Produkte verzichten und mehr Gemüse und Obst brauchen. Dies ist aber nur dann klimafreundlich, wenn sie nicht auf Torf angebaut werden. Das heißt: Wir brauchen weniger entwässertes Grünland für Kühe und mehr wiedervernässtes Land, um nachwachsende Substratrohstoffe wie Torfmoos und Rohrkolben anzubauen. Da kommen zwei richtig gute Sachen zusammen!

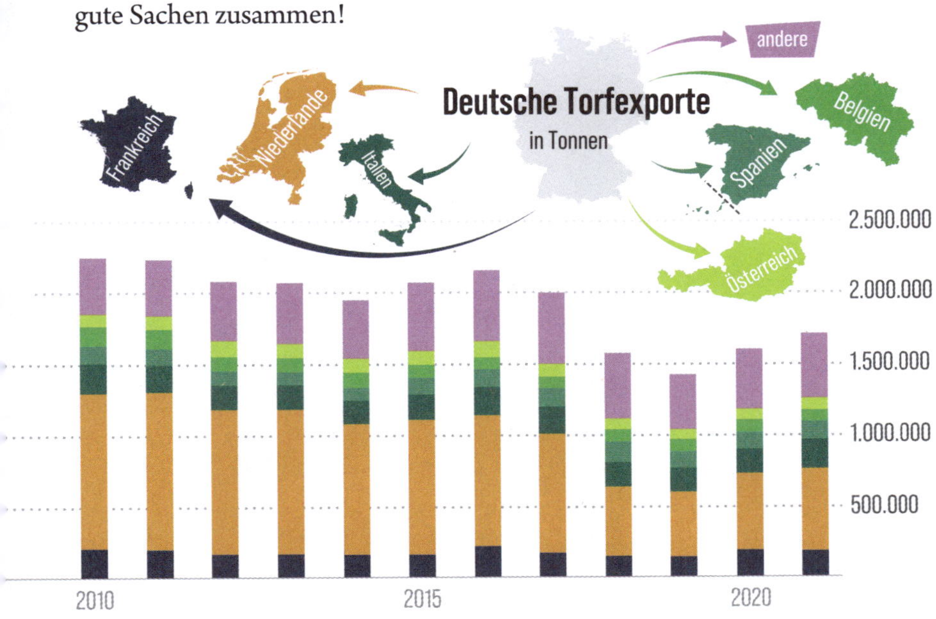

DIE WIEDERBELEBUNG DER MOORE

Die einfachste Lösung

Schon im ersten Buch über Moore von 1658 stellte sich Martinus Schoockius die Frage, ob Moore sich nach dem Torfabbau restaurieren lassen. Nicht so einfach, wusste 1764 Moorkommissar Findorff, denn: »Das Mohr wächst nicht so geschwinde als viele Mohrkluge glauben ...« Aber möglich ist es.

Wie also bringt man ein Moor dazu, wieder neuen Torf zu bilden? Die zentrale Antwort ist: aufhören mit Entwässern, alle Kanäle, Gräben, ja selbst die kleinsten Gräbchen müssen zu! Und wenn das Moor Grundwasser braucht, muss es auch das wieder kriegen, sodass der Wasserstand übers Jahr wieder etwa auf Bodenhöhe ist. Nicht, dass das alte Moor damit zurückkäme. Nein: Ist ein Moor einmal wirklich tief und lange entwässert worden, der Torf zusammengesackt und degradiert, wird es nie mehr genau, wie es war. Aber mit ausreichend Wasser werden die stark negativen Folgen der Entwässerung angehalten und vielleicht wird auf der alten Leiche ein neues Moor wachsen.

Die Wiedervernässung ist ohne Alternative: Entwässern wir weiter, heizt sich das Klima unhaltbar weiter auf. Alle Länder der Welt haben einstimmig beschlossen, die CO_2-Emissionen auf Netto-Null zurückzubringen. Wir dürfen nur noch emittieren, wenn wir unsere Restemissionen mit einer dauerhaften CO_2-Senke ausgleichen. Da die verfügbaren Senken so selten sind, kann das nur für unersetzbare, lebenswichtige Aufgaben gelten. Und dazu gehören Milchviehwirtschaft oder Kartoffelanbau auf entwässerten Mooren nicht. Das wird es in Zukunft nicht mehr geben. Dafür aber wieder nasse Moore und damit mögliche neue Senken.

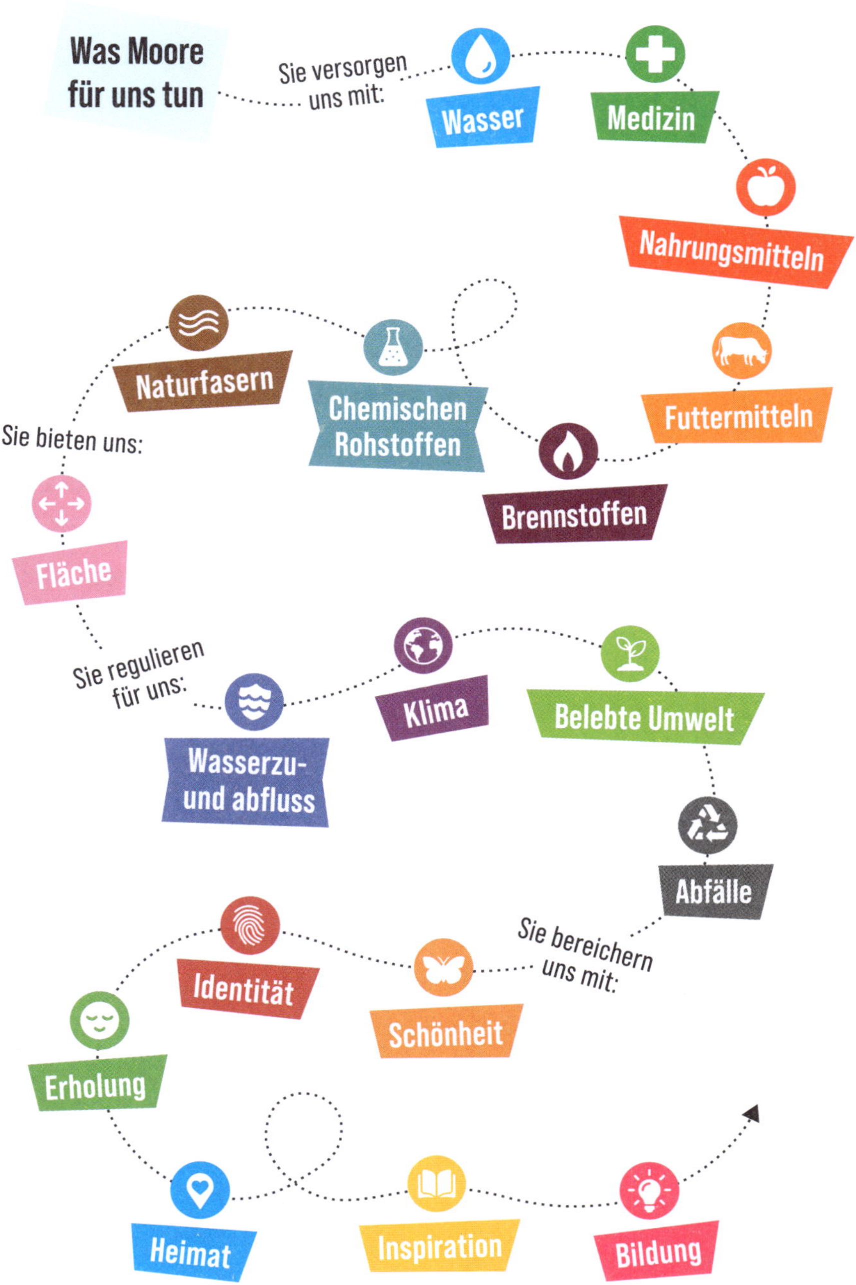
Was Moore für uns tun
Sie versorgen uns mit:
Wasser
Medizin
Nahrungsmitteln
Futtermitteln
Brennstoffen
Chemischen Rohstoffen
Naturfasern
Sie bieten uns:
Fläche
Sie regulieren für uns:
Wasserzu- und abfluss
Klima
Belebte Umwelt
Abfälle
Sie bereichern uns mit:
Schönheit
Identität
Erholung
Heimat
Inspiration
Bildung

Wer soll das bezahlen?

Man kann die Frage auch umkehren. Wer zahlt eigentlich für den Schaden der jetzigen Entwässerung? Die entwässerten Moore Deutschlands verursachen mit ihren Treibhausgasemissionen jedes Jahr einen Klimaschaden von zehn Milliarden Euro. Damit ist der Schaden zehnfach höher als die gesamte Wertschöpfung auf diesen Flächen. Die Folgen der Klimaveränderung – Dürren, Überflutungen, Hitzeopfer, Stürme und sonstige Katastrophen – bezahlen wir alle gemeinsam. Ein wahnsinniges Verlustgeschäft, das klarmacht: Das Abschaffen der entwässerungsbasierten Moorlandwirtschaft wird uns alle reicher, gesünder und weniger verletzlich machen. Aber wie kriegen wir die Transformation möglichst schmerzfrei hin?

Kleine Schritte reichen nicht. Um die weitere Aufheizung unseres Planeten zu verhindern, muss Deutschland ab sofort 50.000 Hektar entwässertes Moor pro Jahr wiedervernässen. Wir brauchen eine tiefgehende Umstrukturierung, wie beim Kohleausstieg. Dafür ist klar, dass wir A) auf die Kreativität aller angewiesen sind, B) möglichst schnell anfangen müssen, aber C) auch noch etwas Zeit haben für die richtig schweren Fälle. Und nun krempeln wir die Ärmel hoch, was können wir tun?

Subventionen der EU für Ackerbau auf entwässerten Mooren im Verhältnis zu Klimafolgekosten
in Euro, 2023

Mit den Wurzeln im Wasser

Wenn es nicht trocken geht, dann halt nass. Und nass geht. Das zeigen die Milliarden Menschen in Asien, die ihre Hauptnahrung aus der nassen Reiskultur gewinnen. Die westliche Landwirtschaft hat vor 10.000 Jahren die trockene Variante gewählt. Wir brauchen jetzt eine nasse Alternative für unsere Moore. Das ist *Paludikultur*. Paludikultur bewirtschaftet nasse Moore mit Tieren und Pflanzen, die mit dem hohen Wasserstand klarkommen. Das bringt gleich drei Klimavorteile: Der Torf im Boden zersetzt sich nicht mehr, wir ersetzen fossile Materialien durch nachhaltige und im Produkt kann langfristig Kohlenstoff festgelegt werden. Da Rohstoffe aus Paludikultur nur eingeschränkt transportierbar sind, verarbeiten wir sie regional und halten die Wertschöpfung im ländlichen Raum.

»Aber eure Paludikultur funktioniert noch nicht!«, weiß so manche:r Politiker:in und hat damit recht. Paludikultur wird noch nicht großflächig umgesetzt. Sie steckt in ihren Kinderschuhen. Es braucht noch Zeit, um die Wertschöpfungsketten aufzubauen und alle technischen, logistischen und juristischen Probleme zu lösen. Doch schon heute gibt es mutige Pionier:innen, vielversprechende Ansätze, eine rasch wachsende Zahl von Initiativen und beeindruckende Fortschritte. Wie viele iPads lagen vor 15 Jahren in Klassenzimmern rum? Keins! Es gab sie noch nicht. In 10 bis 15 Jahren wird die Paludiwelt ganz anders aussehen. Wetten?

Aber wir müssen schneller mit der Wiedervernässung vorankommen. Und das geht mit Kohlenstoffzertifikaten und Photovoltaik.

Paludikulturarten

Nahrungsmittel · Futtermittel · Zierpflanzen · Dünger · Medizin

Dyera polyphylla

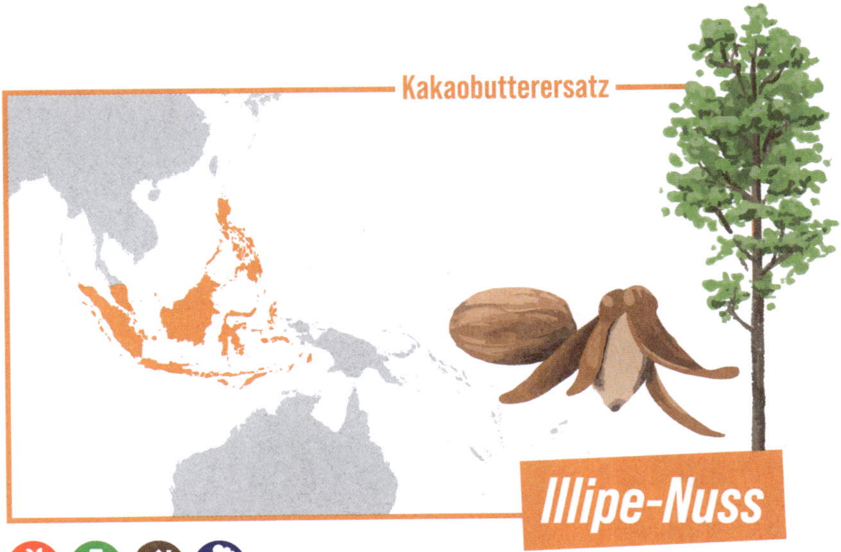

Shorea stenoptera

Substrat · Baumaterialien · Dämmstoff · Brennstoff · Rohstoffe für die Industrie

Möbel & Furnier

Vorkommen nach Ländern

Erle

Alnus glutinosa

Dächer & Papier

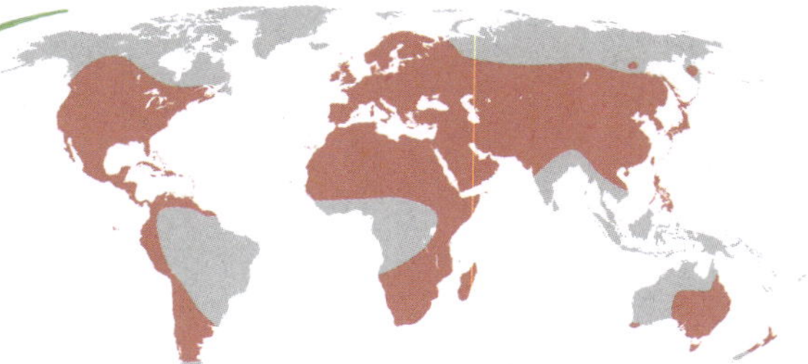

Schilf

Phragmites australis

Nahrungsmittel Futtermittel Zierpflanzen Dünger Medizin

Substrat

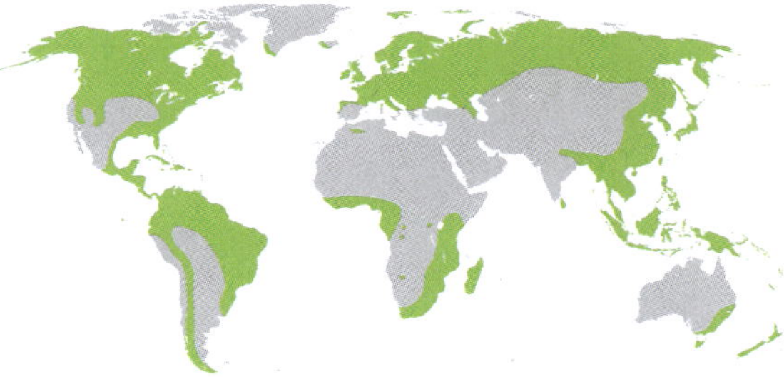

Torfmoos

Sphagnum spp.

Fleisch

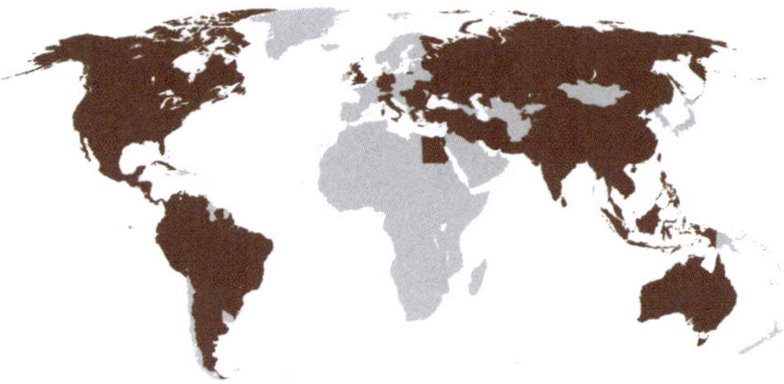

Vorkommen nach Ländern

Wasserbüffel

Bubalus bubalis

Substrat Baumaterialien Dämmstoff Brennstoff Rohstoffe für die Industrie

Kohlenstoff verticken

Alle wollen auf Null: Immer mehr Länder, Betriebe, Institutionen, Städte versuchen immer schneller, klimaneutral zu werden. Weil sie dieses Ziel oft noch nicht aus eigener Kraft erreichen können, brauchen sie Offsets, also Emissionsreduktion von anderen, um die fehlende eigene auszugleichen. Das lässt die Nachfrage nach Kohlenstoffzertifikaten *(carbon credits)* rasant steigen. Für Zertifikate aus Moorwiedervernässung gibt es schon seit über zehn Jahren funktionierende Standards und Methodologien, sie sind ausgetestet und umgesetzt. Die Nachfrage ist viel größer als das Angebot.

Zeitgleich hat sich der Preis einer Tonne CO_2 auf dem führenden CO_2-Markt, dem EU-Emissionshandelssystem (EU-EHS), mehr als verzehnfacht und wird erwartungsgemäß weiter ansteigen. Mit einer erfolgreichen Moorwiedervernässung vermeiden wir 20 bis 25 Tonnen CO_2-Äquivalente pro Hektar und Jahr und können diese Reduktion als Kohlenstoffzertifikate verkaufen. Wie viel Geld man dafür bekommt, hängt – wie bei jedem Produkt – von der Qualität der Kohlenstoffzertifikate ab. Ist die Qualität hoch, können die Preise sicher in ähnliche Richtung wie die des EU-EHS gehen, wie das auch unsere norddeutschen MoorFutures-Zertifikate zeigen. Der Staat sollte derartige Kohlenstoffmärkte fördern und den Preis garantieren.

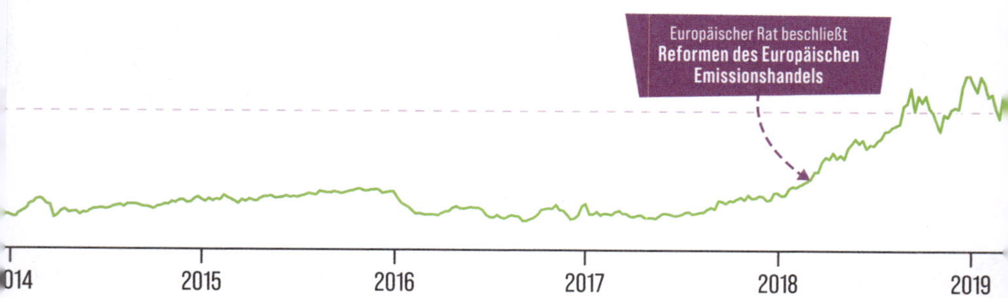

Wenn ein landwirtschaftlicher Betrieb seine Moorflächen wiedervernässt, kann er Zertifikate verkaufen und hat eine klimafreundliche Alternative zur heutigen Bodennutzung. Damit kann er risikofrei Paludikulturen einführen und weiterentwickeln, bis diese ökonomisch selbsttragend sind. Es gibt die Ansätze, wir müssen uns nur trauen, in alle Richtungen zu denken.

Preisentwicklung von Kohlenstoffzertifikaten

Europa, in Euro pro Tonne CO_2

Sonne ins Moor

Fast nichts ist auf Moor katastrophaler als Mais für Biogas anzubauen. Das heißt zwar Bio-, ist aber voll daneben. Denn solches Biogas ist achtmal klimaschädlicher als Braunkohle, wenn man die gleiche Menge Energie produziert. So viel CO_2 setzt der Maisanbau aus dem Moorboden frei. Mais für Biogas ist sowieso eine Platzverschwendung: Die gleiche Menge Strom, die du mit 30 Hektar Mais erzeugst, kriegst du auch mit einem Hektar Solarpaneele hin.

330.000 Hektar Moorfläche werden aktuell in Deutschland als Acker genutzt. Diese Flächen bringen dem Naturschutz so wenig und belasten Klima- und Umwelt so sehr, dass fast jede Nutzungsänderung eine Verbesserung bedeutet. Solarenergie kann ökonomisch sehr gut mit Ackernutzung konkurrieren – auch wenn die technische Umsetzung im Moor schwieriger und noch einige Forschung notwendig ist.

Selbstverständlich muss der Moorboden unter den Solarpaneelen gut wiedervernässt sein, um das Null-Emissionen-Ziel zu erreichen. Die Stromerzeugung vermeidet zwar Emissionen aus fossiler Energie, kann aber die Emissionen eines entwässerten Moores nicht ausgleichen. Und natürlich muss die Anlage ins Landschaftsbild passen, genug Licht für darunter wachsende Moorpflanzen lassen und den Torf schonen. Auch sollten für den Naturschutz wichtige Standorte nicht beeinträchtigt und die Wiedervernässung angrenzender Moorflächen nicht behindert werden.

So kann der Bau von Solaranlagen Wiedervernässung gewinnbringend beschleunigen, ohne Schaden anzurichten. Und endlich Licht in die bisher düstersten Ecken der Moornutzung bringen.

Produzierter Strom pro Hektar

in Kilowattstunden, pro Jahr

Biogas aus Mais

23.000

≈ 13,5 Jahre Netflix schauen

Photovoltaik-Anlage

700.000

≈ 400 Jahre Netflix schauen

Die Angst vor Methan

Eine Frage, die immer kommt, wenn Menschen schon mal ein bisschen was darüber gehört haben, ist: Wenn man Moore nass macht, kommt dann nicht Methan raus? Und ist das nicht ein super starkes Treibhausgas? Ruinieren wir das Klima dann nicht noch mehr?

Auch wenn das mit dem Methan stimmt, ruinieren wir das Klima nicht. Schließlich kam vor der Wiedervernässung ein ganzer Batzen CO_2 aus dem entwässerten Moor: etwa 30 Tonnen CO_2-Äquivalent oder mehr pro Hektar pro Jahr. Durch das Entwässern stand der oberste Torf in Kontakt mit Sauerstoff, winzige Mikroorganismen aßen das organische Material und stießen es als CO_2 und N_2O (Lachgas) aus. Wenn wir das Moor wieder nass machen, können die Mikroorganismen nicht mehr weitermachen, weil ihnen der Sauerstoff fehlt. Andere Mikroorganismen werden aktiv, die Methan produzieren (die Pupse, ihr erinnert euch). Und zwar 250 Kilogramm Methan pro Hektar wiedervernässtes Moor pro Jahr. Erst mal kann man jetzt festhalten, dass mengenmäßig 250 Kilogramm Methan sehr viel weniger als 30 Tonnen CO_2 sind.

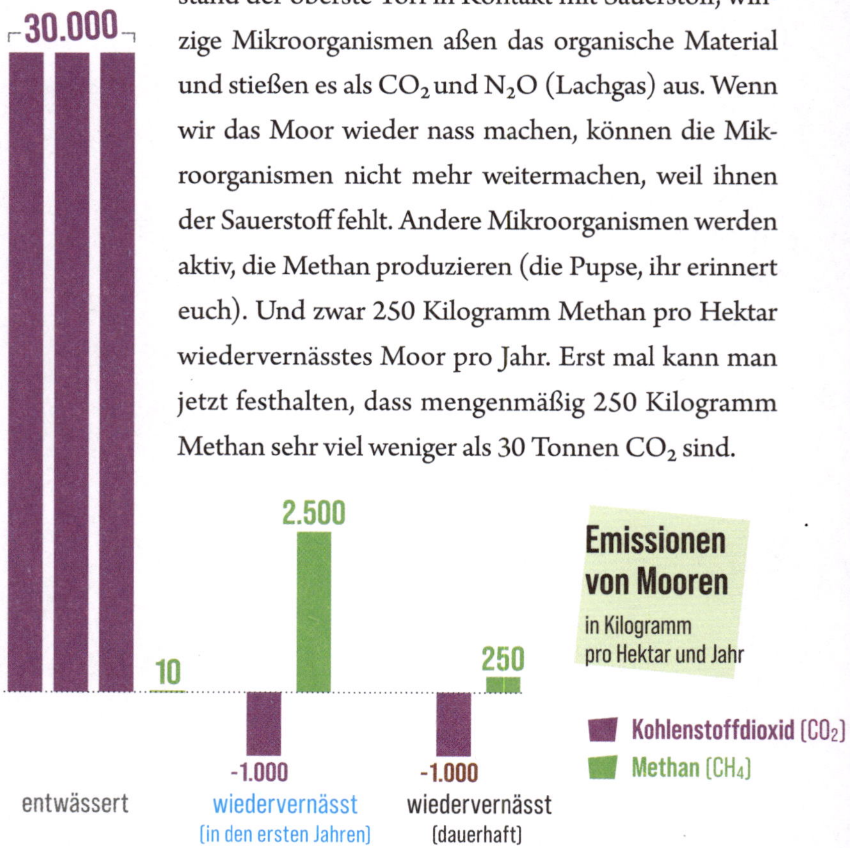

Du könntest jetzt sagen, dass ein Kilogramm Methan 27-mal stärker zur Erderwärmung beiträgt als ein Kilogramm CO_2. Der entscheidende Punkt ist aber: Methan bleibt nur zwölf Jahre in der Atmosphäre. Wenn aus einer wiedervernässten Fläche jedes Jahr 250 Kilogramm Methan kommen, sind in Jahr 13 die 250 Kilogramm Methan aus Jahr eins schon wieder weg. Auch mit einem durchgehenden Methanausstoß nimmt so nach zwölf Jahren die Methankonzentration in der Atmosphäre nicht mehr zu. Mit CO_2 ist es anders. Zwar ist es nicht so potent wie Methan, aber es bleibt Hunderte bis Tausende von Jahren in der Atmosphäre und seine Konzentration nimmt bei weitergehendem CO_2-Ausstoß zu und heizt unser Klima immer weiter an. Wenn man sich die beiden Gase als Linien vorstellt, flacht somit die Methankonzentration aus dem nassen Moor schnell zu einer stabilen Linie ab, während die CO_2-Konzentration aus dem entwässerten Moor immer zunimmt. Es stimmt also, dass am Anfang 250 Kilogramm Methan schlimmer auf das Klima wirken als 30 Tonnen CO_2. Aber eben nur am Anfang. Auf längere Sicht ist das Methan aus einem nassen Moor sehr viel weniger schlecht als der andauernde CO_2-Ausstoß aus dem entwässerten.

Klimaerwärmende Wirkung

je Hektar Moor (Beispiel)

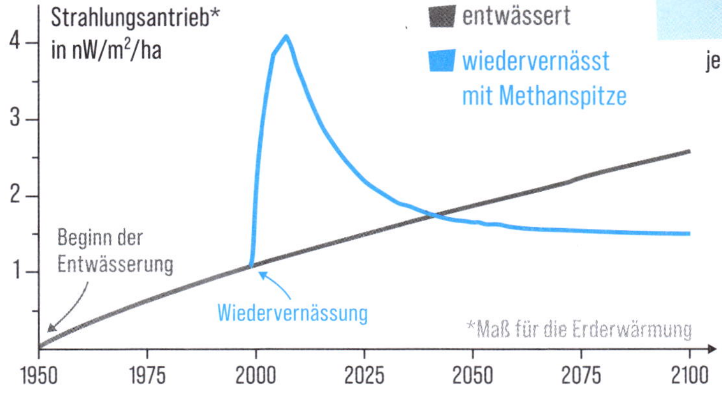

Müssen Menschen verschwinden?

Wegen der Braunkohlegewinnung verschwanden seit 1945 in Deutschland 300 Ortschaften. Mehr als 120.000 Menschen wurden umgesiedelt. Wird so etwas auch bei der Moorwiedervernässung passieren? Eine genaue Antwort auf diese Frage gibt es leider nicht. Aber wir müssen uns frühzeitig damit auseinandersetzen, um so gut es geht, Schmerz und Wut zu vermeiden. Wichtig ist, im Kopf zu behalten, dass Klima- und Moorschutz kein Selbstzweck sind: Sie sind Selbstschutz. Wir brauchen sie, damit es uns allen besser geht – sicher besser im Vergleich zu dem, was uns sonst erwartet.

Menschen werden sich zurückziehen von Orten, an denen sie direkt gefährdet sind. Entwässerte Moore verlieren ein bis zwei Zentimeter pro Jahr an Höhe. So sind große Flächen bereits unter den Meeresspiegel geraten und sacken weiter. Gleichzeitig steigt der Meeresspiegel immer schneller an und die Frequenz und Intensität von Sturmfluten und Überflutungen nimmt zu. In der Golfküstenregion der Vereinigten Staaten laufen aus diesem Grund große Umsiedlungsprogramme.

Von manchen Mooren müssen sich Menschen zurückziehen, um Menschen anderswo zu schützen. Im Spiegelwaal-Projekt in den Niederlanden wurden 250 Hektar Fläche als Überflutungsfläche freigegeben und 50 Häuser und Geschäfte abgerissen, um Hunderttausenden Menschen stromabwärts vor den sonst verheerenden Fluten zu bewahren.

Es werden auch Menschen umziehen müssen, wenn Gebäude und Infrastruktur Moorwiedervernässung verhindern und es nicht möglich ist, diese mit technischen Maßnahmen aufrechtzuerhalten. Die Niederlande und Kalifornien haben ähnliche Probleme, aber auch schon Ideen, sie zu lösen. Hier können wir lernen.

Wir müssen dabei den Schmerz auf ein Minimum beschränken. Eine »Vertreibung« geht einher mit tiefgreifenden emotionalen Verlusten, die nicht mit finanziellen Mitteln ausgeglichen werden können. Zeit ist dabei ein wichtiger Verbündeter. Natürlich müssen wir so schnell wie möglich loslegen. Aber das bedeutet nicht, dass wir alles bis 2040 schaffen müssen. Es ist oft besser, günstige Zeitpunkte wie eine Betriebsübergabe und eine Neuinvestition zu berücksichtigen.

Zu guter Letzt: In den wiedervernässten Mooren werden wir Menschen brauchen, die für optimale Wasserstände sorgen und bestimmte Moorpflanzen fördern, um die Methanemissionen gering zu halten und Kohlenstofffestlegung im Torf anzuregen. Menschen werden Paludi-Rohstoffe im nassen Moor ernten, die eine zyklische, klimafreundliche Produktion ermöglichen. Aus Klimasicht müssen Menschen in der Moorlandschaft bleiben – aber eben in der nassen.

Torfmoose in Venedig

Im März 2022 ernten viele Hände große Mengen Torfmoose im niedersächsischen Hankhauser Moor. Ein LKW bringt die 250 gefüllten roten Kisten in den Süden, wo sie auf Gondeln umgeladen werden und türkise Kanäle hinabsausen. In einem Raum werden die Moose gebettet und mit gefiltertem Wasser versorgt. Es sind fragile Kreaturen, die Künstler:innen bangen. Die Moose müssen überleben, sind sie doch Hol-Hol Tol – das Herz des Moores – und stehen für etwas Großes, etwas Riesiges: Die Einheit von Mensch und Moor.

Der chilenische Pavillon auf der 59. Kunstbiennale von Venedig bringt mit den Moosen zum ersten Mal Moore in den Kern der internationalen Kunstwelt. Eine halbe Million Menschen werden erwartet. Der Raum ist dunkel, es riecht feucht, erdig. Man geht einen Steg hoch, setzt sich auf eine Plattform, die wie ein Insekt über dem weichen Feld thront. Dann beginnt Selk’nam-Gesang und auf einer Leinwand erscheinen in dunklen Farbtönen Videoaufzeichnungen einer Unterwasserkamera. Langsam, ganz langsam taucht man aus einem Moor auf. Das Licht geht an und man sitzt mitten im Moos. Die Installation lässt die Besuchenden ins Feuerland reisen, zu den Mooren der Selk’nam, eine indigene Gruppe, die erst von Kolonialisten, zuletzt selbst von Ethnographen fast gänzlich ausgelöscht wurde. Aber die Künstler:innen wollen hier in Venedig nicht von der Auslöschung reden, sondern vom Bewahren. Die Selkn’am sehen die Moore als ihre Ahnen an. Der Schlüssel zum Schutz der Selk’nam ist der Schutz dieses fragilen Ökosystems.

Am 2. Juni, die Moose haben sich liebevoll umsorgt an die neue Umgebung angepasst, werden sie von 38 Personen besucht, die genau das wollen: die Moore weltweit bewahren. Von jedem Kontinent der Welt, aus verschiedensten Generationen, Ethnien, Religionen, Disziplinen reisen auch sie die Kanäle hinab. Am Morgen tauschen sie sich über ihre Gefühle zu den Mooren aus, zusammen kommen sie auf 600 Jahre Moorerfahrung. Hans bringt 50 mit, Swantje 2,5. Gemeinsam will die Gruppe ein Abkommen schreiben! Und weil dies kein gewöhnlicher Ort, kein gewöhnliches Treffen ist, schreiben sie die Zeilen:

We hold peatlands dear.
Near and far
we care,
because we walk the past,
that moves us,
to encourage healing.
A gesture,
A humble twirl of fate.

Ausschnitt aus dem *Venice Agreement*

Als sie mittags zum chilenischen Pavillon gehen, das Licht nach dem Gesang angeht und sie die Moose berühren, müssen manche von ihnen weinen. So schön ist es, gemeinsam zu kämpfen. Kunst, Wissenschaft, Politik und Recht Rücken an Rücken. Am Abend projizieren sie ihr Gedicht an eine riesige Wand, der Vorplatz leuchtet golden, Wasser schwappt gegen den Kai. Die Luft glitzert und sie sammeln Kraft. Ein Exemplar des Abkommen hängt heute in Swantjes Zimmer.

Was du tun kannst ☒

Du kannst etwas bewirken. Am besten dort, wo du dich zuhause fühlst, in dem, worin du gut bist – einem Bereich, der dir am Ende vielleicht sogar Kraft zurückgibt. Wie die Lebewesen im Moor kannst du deine Nische finden und in ihr ein bedeutender Teil des gesamten Moores sein.

Hier kannst du deine Erfolge abhaken

STRUKTURELL

- ○ Baue in deinem Unternehmen Wertschöpfungsketten für Paludikultur auf
- ○ Investiere mit deinem Torfabbauunternehmen in alternative Substrate und setze dir Reduktionsziele
- ○ Werde der Landwirt, der Paludikultur ausprobiert und damit anderen Mut macht

GEMEINSAM

- ○ Rede mit Freund:innen, deinem Patenkind oder deinen Arbeitskolleg:innen darüber

Entwickle Lösungen durch …

- ○ Einholung von Wissen (mittels Internet, Literaturstudium, Austausch mit Expert:innen)
- ○ Austausch mit Betroffenen

Werde die Politikerin, die die EU-Zahlungen hin zu einer nassen Landwirtschaft verschiebt und ambitionierte Ziele zur Torfminderung durchsetzt

Erkennt Engpässe, Bedrohungen und Verletzungen der Moore

Organisiert Kundgebungen, Aktionen und werdet öffentlich laut

Werdet selbst wirksam und vernässt gemeinsam Moore

trete einer NGO bei (oder gründe eine)

Kämpft

Fordert die Politik

Habt keine Scheu vor Gerichtsverfahren (lokal bis international)

Erfasst Änderungen in Wasserständen und dem Bestand der Vögel, Pflanzen oder Schmetterlinge.

Behaltet die Genehmigungs- und Planungsverfahren im Blick und beteiligt euch, bevor es zu spät ist

Kaufe weniger Milchprodukte

Freue dich über Moore

Unterstütze Parteien mit Moorschutz im Programm

Wähle einen Beruf fürs Moor

Verwende Blumenerde ohne Torf – mache deinen eigenen Kompost

Finde Gemüse, das nicht auf Torf gezogen wurde

Lerne, lies, male und schreibe über Moore

Spende an Moorprojekte, Stiftungen und Initiativen

INDIVIDUELL

Deutschlandweit

- BUND (Bund für Umwelt und Naturschutz Deutschland) e. V.
- NABU (Naturschutzbund Deutschland) e. V.
- MoorFutures
- Deutsche Gesellschaft für Moor- und Torfkunde e. V.
- Deutscher Verband für Landschaftspflege e. V.
- toMOORow
- Mission To Marsh gGmbH
- ZukunftMoor GmbH

Baden-Württemberg

- NABU-Naturschutzzentrum Federsee
- Stiftung Naturschutz Pfrunger-Burgweiler Ried

Bayern

- ARGE Schwäbisches Donaumoos e. V.
- Peatland Science Centre
- BUND Naturschutz in Bayern e. V.
- MoorWERT
- Allgäuer Moorallianz

Brandenburg

- Alnus e. V.
- Arge Klimamoor GbR
- Stiftung NaturSchutzFonds Brandenburg

Hamburg

- Loki Schmidt Stiftung
- Umweltstiftung Michael Otto
- Moorville Festival

Hessen

- Bergwaldprojekt e. V.

Mecklenburg-Vorpommern

- Succow Stiftung
- Greifswald Moor Centrum
- NABU-Stiftung Nationales Naturerbe
- Naturschutz im Peenetal e. V.
- MoorBündnis
- Rostock for Future

Niedersachsen

- Stiftung Lebensraum Moor
- Living Lab Teufelsmoor
- BUND Diepholzer Niederung
- Moor- und Fehnmuseum Elisabethfehn
- BUNDjugend Landesverband Niedersachsen
- Moor bleibt Moor

Nordrhein-Westfalen

- Zukunft Moor

Rheinland-Pfalz

- Stiftung Natur und Umwelt

Saarland

- Moorschutz-Gemeinschaft Königsbruch

Sachsen

- MooReSax

Sachsen-Anhalt

- BUND Sachsen-Anhalt e. V.

Schleswig-Holstein

- Stiftung Naturschutz Schleswig-Holstein

Thüringen

- Naturstiftung David

Schweiz

- Stiftung myclimate
- Eidgenössische Volksinitiative »zum Schutz der Moore – Rothenthurm-Initiative«

Österreich

- IG Moorschutz

Niederlande

- Dutch Foundation for the Conservation of Irish Bogs (Stichting tot Behoud van de Ierse venen)
- Stichting VEEN
- Werkgroep Behoud de Peel

Stiftungen, Initiativen und Projekte

für den Moorschutz, Auswahl

International

- International Mire Conservation Group
- Aquatic Warbler Conservation Team
- Ramsar Convention on Wetlands
- Global Peatlands Initiative
- Wetlands International
- Re-Peat
- Ensayos

Deutschlandweit

Die Wiederentdeckung der Perspektive

»Was sind das für Insekten?«, fragte Kenge, ein Mbuti-Pygmäe, als er das erste Mal in seinem Leben den Wald verließ und das Ruwenzori-Gebirge bestieg. Kenge und sein Freund Colin Turnbull schauten ins hügelige Grasland herunter, wo eine Elefantenherde, zwanzig Antilopen und hundertfünfzig Büffel herumliefen. »Das sind Büffel.« Kenge brüllte vor Lachen und sagte, Colin solle nicht so dumme Lügen erzählen. Als Hans diese Anekdote hörte, verstand er die Bedeutung von Mooren:

Vor 200.000 Jahren entstanden wir als *Homo sapiens sapiens* in den Savannen Afrikas und zogen 140.000 Jahre später in die weite Welt. Damals war Europa bedeckt mit Gletschern, Steppen-Tundren und offenen Parklandschaften. Wie zuvor jagten wir Großsäuger, zwar keine Elefanten und Antilopen mehr, aber Mammuts und Rentiere waren auch sehr lecker. Nach der Eiszeit – vor etwa 12.000 Jahren – kam die Wärme und mit der Wärme der Wald und mit dem Wald der Verlust. Die Großtiere verschwanden, der Lebensstil musste sich grundlegend ändern. Offenheit existierte nur noch entlang der Küste und an Seen und hier hielten sich die Menschen auf. Sonst war alles Wald. Überall ...

Überall?

Als unbewaldete, begehbare, offene Standorte blieben nach der Eiszeit nur die Moore. Hier gab es wieder Weite. Und genau sie machte uns risikofreudig und zukunftszugewandt. Im Moor gucken die Menschen weiter und wagen sich auf den Weg, weil Gefahren in der Ferne klein und unbedrohlich erscheinen.

Natürlich ist der schwammige Weg übers Moor zwischen Himmel und Unterwelt nicht immer gefahrlos, aber du lernst, Risiken einzugehen und Probleme erst zu lösen, wenn sie wirklich auftauchen. Du lernst, dein Ziel zu erreichen, ohne völlige Gewissheit vorab. Es sind gerade diese Eigenschaften, die wir heutzutage brauchen. Moore lehren uns trotz aller Unsicherheit, uns gesellschaftlichen Herausforderungen zu stellen und weit zu schauen. Weltoffen, grenzenlos, zukunftsgerichtet: Moore machen Mut!

Moor ist mehr als Klima

Wir haben vielleicht etwas zu viel übers Klima geredet. Sicher, das Klima ist ein heißes und überragendes Thema, weil es restlos alles bestimmt. Aber ein Moor ist viel mehr als nur Klima. Das dürfen wir niemals vergessen.

Also, warum fahren alle so auf CO_2 ab? Unsere Wirtschaft beruht auf dem Verbrennen fossiler Rohstoffe und das führt zu Treibhausgasemissionen. Diese nun beschränken zu müssen, macht die großen Industrien sehr nervös. Außerdem kann man die Emissionen ziemlich einfach messen und in einer gemeinsamen Währung verrechnen – bei Artenvielfalt gibt es kein Eisbär-Äquivalent. Deshalb sind Biodiversitätswerte viel schwerer zu vergleichen und es ist viel schwieriger Prioritäten und politische Ziele zu setzen. Somit erscheinen Treibhausgase nicht nur als Problem, sondern auch als Lösung: Wenn wir weniger CO_2 ausstoßen, wird alles gut. Nicht mehr so viel fliegen oder Auto fahren, ein Paar Bäume pflanzen und alles andere kann weitergehen. Mit solch einem Tunnelblick auf CO_2 verschließen wir aber die Augen vor weiteren Kollateralschäden unseres Handelns: dass wir einzigartige Lebensräume verlieren, uns die Arten massenhaft wegsterben und wir unsere Umwelt verschmutzen und ausnutzen.

Gleichzeitig lassen sich Moore gerade wegen des Kohlenstoffs so gut verkaufen. Auf Partys horcht jede:r auf, wenn man sagt, dass

Moore mehr Kohlenstoff speichern als die gesamte Biomasse der Wälder der Erde zusammen! Es ist effektiv, aber bei Mooren geht es um so viel mehr. Sie sind besonderen, selbst queeren Organismen ein Zuhause, bewahren unsere Geschichten und auch Wasser und Luft scheinen nirgends frischer als hier. Es geht darum, zu verstehen, dass Moore divers und komplex sind. Auch wenn der Kohlenstoff dich einst zum Moor brachte, hoffen wir, dass deine Augen sehen, was es wirklich ist.

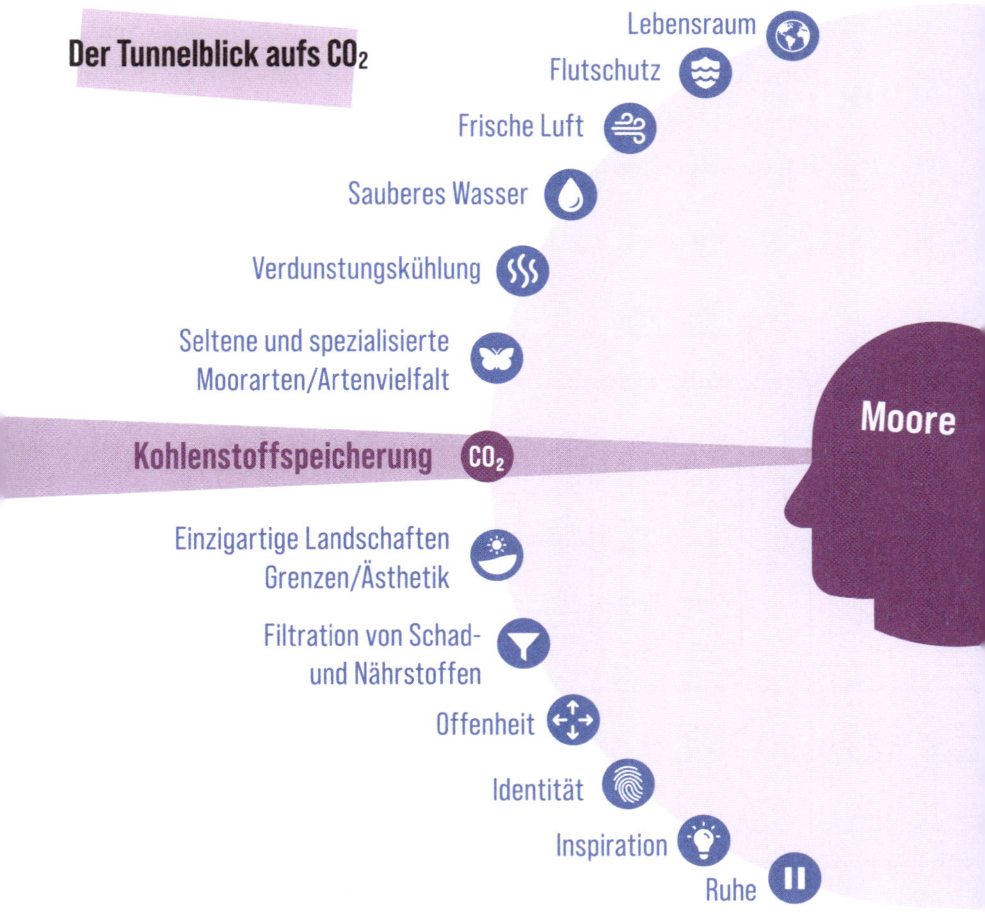

Nachwort

In Greifswald gibt es diesen einen Raum. Der Tisch in der Mitte ist voller Zeitschriften, Bücher und Karten. Bücherregale bedecken jede Wand, sortiert nach Themen. Vor dem Fenster sitzt ein Mann. Draußen ist es stockdunkel, sodass sich der Kronleuchter im Fenster spiegelt. Lachen erfüllt den Raum. Die Studierenden lieben sein Niederländisch. Er hat den Raum mit Moorbüchern gefüllt und erzählt mittwochs von diesem Ökosystem.

Es gibt diese Momente, die ein Leben in einem Ausmaß verändern, mit dem man nie gerechnet hätte. Sie entfachen einen Funken und plötzlich brennt eine Flamme in dir. Dieser Abend in dem Raum mit den Moorbüchern war so ein Funken.

Moorbibliothek Greifswald

Ich habe mich seitdem tief in das Moor verliebt – habe Filme gedreht, geforscht, unfassbar viel geschrieben und gefühlt. Etwa zwei Jahre nach dem Literaturabend über das Moor besuchte ich Hans wieder in dem Raum. Ich konnte nicht aufhören, Fragen zu stellen und Hans nicht aufhören zu erzählen. Die Besuche wiederholten sich. Daraus entstand die Idee für dieses Buch, auch um den Bau der gerade entstehenden großen Moorbibliothek zu zelebrieren. Thema für Thema. Kapitel für Kapitel. Hans und meine Neugierde brachte uns an Orte im Moor, an die wir allein nie gegangen wären.

Aber vielleicht braucht es in Krisenzeiten genau solche Zusammenarbeit zwischen Menschen, die unterschiedlicher nicht sein könnten. In den letzten Jahren gab es immer wieder Tage, an denen Artensterben, Klimawandel und Ungerechtigkeit mich unsagbar traurig machten. Ich mich einfach machtlos fühlte. Aber dann gab es wieder diese Tage mit Hans. Wir haben so viel gelacht, so sehr, dass ich mich kaum halten konnte und das Gefühl zurückkam, doch zumindest einen kleinen Teil beitragen zu können. Den für die Moore. »Du darfst keine Stichflamme sein«, sagt Hans, »du musst ein Lagerfeuer werden«. Und er hat recht. Als ich anfing, mich mit Mooren zu beschäftigen, war es aus einer Sorge, wie schlecht es um sie hierzulande steht. Heute treibt mich etwas anderes an: Hoffnung. Ich habe Hoffnung, dass wir beginnen zu erkennen, wie verwoben wir mit den Mooren und all ihren Arten sind, dass wir einander beeinflussen, voneinander abhängen. Hoffnung, dass wir aufeinander aufpassen. Danke, Hans. Für den Raum, all die Tage und den Mut.

Danksagung

Danke, Iris und Kristin, fürs Zähmen unserer wilden Gedanken. Danke, Roy van Beek fürs Erklären der Todesursachen von Moorleichen, Pim de Klerk für sämtliche altgeschichtlichen Fakten, John Couwenberg für den moorwissenschaftlichen Check, Lukas Fraser für den queeren Blick aufs Moor, Cosima Tegetmeyer fürs Bereitstellen von Karten aus der Global Peatland Database, Tristan Kalweit für den Kraft- und Inspirationsschub zwischendurch, Ann Burg fürs Öffnen des Great Dismal Swamps durch Gefühle, Tatiana Minayeva fürs Zusammentragen zerstreuter Daten zum russischen Torfabbau, Hassan Partow fürs umgehende Senden der Satellitenbilder der Mesopotamischen Sümpfe, Krista Hessey für ihre investigative Recherche zum Ring of Fire, Dierk Michaelis für die Welt der Torfmoose, Bev Clarkson fürs Ausfindigmachen der Moore unter neuseeländischen Städten, Matti Aikio für Geschichten aus dem hohen Norden, Franziska Tanneberger für die Freundschaft, mit der sie versucht, uns politisch korrekt zu halten, Lucas und Ine fürs Aushalten der Moorthemen am Abendbrottisch und Kraftgeben zum Durchhalten, Johanna, Felix, Erik und Miriam fürs Gefühl von Zuhause in Greifswald, Vitória, Stefan und Joscha fürs nächtliche Kraftsammeln in einer Münchener Küche. Und danke an alle anderen uns nahen, mit denen wir unsere Liebe fürs Moor teilen dürfen.

Ohne Karl Smets hätte es
die Moorbibliothek und auch
dieses Buch nicht gegeben.
Danke, Karl, für dein Vertrauen
und deine Vision.

Artenliste

Amerikanische Braunrote Schlauchpflanze – *Sarracenia purpurea*

Bienen-Ragwurz – *Ophrys apifera*

Binsen – *Juncaceae*

Birke – *Betula*

Coues Schnatterente – *Mareca strepera couesi*

Dreizeiliges Bruchmoos – *Meesia triquetra*

Hula-Scheibenzüngler – *Latonia nigriventer*

Isabellbrachvogel – *Numenius madagascariensis*

Fettkraut – *Pinguicula*

Fieberklee – *Menyanthes trifoliata*

Gelbe Teichrose – *Nuphar lutea*

Glänzendes Filzschlafmoos – *Tomentypnum nitens*

Kiemenschlitzaal – *Synbranchiformes*

Kiribatirohrsänger – *Acrocephalus aequinoctialis*

Kokospalme – *Cocos nucifera*

Moorfrosch – *Rana arvalis*

Moor-Steinbrech – *Saxifraga hirculus*

Ruderfußkrebse – *Copepoda*

Rohrkolben – *Typha*

Schmalblättrige Rohrkolben – *Typha angustifolia*

Schilf – *Phragmites australis*

Schneide – *Cladium mariscus*

Schalenamöben – *Testacea*

Schlammsegge – *Carex limosa*

Schneekranich – *Leucogeranus leucogeranus*

Schmarotzerraubmöwe – *Stercorarius parasiticus*

Schraubenbäume – *Pandanus*

Schwarzerle – *Alnus glutinosa*

Schwarzfichte – *Picea mariana*

Seggen – *Carex*

Seggenrohrsänger – *Acrocephalus paludicola*

Südseeläufer – *Prosobonia cancellata*

Sumpffarn – *Thelypteris palustris*

Sonnentau – *Drosera*

Rötelmaus – *Myodes glareolus*

Torfmoose – *Sphagnum*

Wasserbüffel – *Bubalus bubalis*

Wasserfalle – *Aldrovanda vesiculosa*

Wasserschlauch – *Utricularia*

Wollgras – *Eriophorum*

Zypergräser – *Cyperus*

Quellen (Zitate)

Die Zeugung eines Moores

»Leg dich ins Schilf ...« – Übersetzung der Autor:innen nach: de Klerk, P. & Joosten, H. 2019. How ancient cultures perceived mires and wetlands (3000 BCE – 500 CE): an introduction. IMCG Bulletin 2019 (4), S. 4-15.

Hoch- und Niedermoor

»Vom Regen nur ...«: Dau, J. H. C. 1983. Neues Handbuch über Torf, dessen Natur, Entstehung und Wiedererzeugung, Nutzen im Allgemeinen und für den Staat usw. Leipzig.

Das platte Paar

»Wie Sie sehen ...« – Übersetzung der Autor:innen nach:
Uitgeverij Drenthe (Hg.). 2016. Het paar van Weerdinge, auf: uitgeverijdrenthe.nl (Zugriff am 13.2.2024).

Die letzten Irrlichter Deutschlands

»Ganz in der Nähe ...«: Klose, H. 1905. Die alten Stromtäler Vorpommerns, in: Credner, R. (Hg.): IX. Jahresbericht der Geographischen Gesellschaft zu Greifswald 1903–1905. Greifswald. S. 42.
»Am Schreibtisch oder ...«: Floericke, K. 1908: Nächtliche Waldbeleuchtung. Kosmos 5,
S. 270-271.

Bis in den letzten Winkel

»Man muss dahin ...«: persönliches Gespräch mit Hans Joosten.

Vom Ziehen zum Züchten

»Im Schweiße ...«: Die Bibel (Luther 2017), 1. Mose 3,19.

Moore als Rückzugsort

»Alles, was wir ...« – Über-setzung der Autor:innen nach:
Grant, R. 2016. Deep in the Swamps, Archaeologists Are Finding How Fugitive Slaves Kept Their Freedom, auf: smithsonianmag.com (Zugriff am 15.2.2014).
»No matter what ...«: Burg, A.E. 2018. Unbound: A Novel in Verse. New York. S. 260-261.

Das Feuer der Oktoberrevolution

»Kommunismus ist ...« – Übersetzung der Autor:innen nach: Lenin, V.I. 1970. Polnoe sobranie sotschinenij, Bd. 42, 5. Aufl.. Moskau. S. 159.

Zionistischer Torf

»Ich erinnere mich ...«; »Die Äcker gehören ...«: Herzl, T. 1902. Altneuland. Leipzig. S. 85.
»das Land und die Nation zu heilen« – Übersetzung der Autor:innen nach: Sufian, S.M. 2007. Healing the Land and the Nation: Malaria and the Zionist Project in Palestine, 1920-1947. Chicago.
»Ein niederländischer Ingenieur ...« – Übersetzung der Autor:innen nach: Gerstenfeld, M. 1999. Judaism, environmentalism and the environment: Mapping and analysis. Amsterdam. S. 31.

Langer Marsch

»Schneebedeckte Berge ...« – Übersetzung der Autor:innen nach: https://www.youtube.com/watch?app=desktop&v=GfWG5el36DA
»Wenn ihr es schwer findet, ...« – Übersetzung der Autor:innen nach: Shuyun, S. 2008. The Long March: The True History of Communist China's Founding Myth. New York.

Die Trockenlegung des Paradieses

Alle Zitate – Übersetzungen der Autor:innen nach: Priestley, C. 2020. »We Won't Survive in a City. The Marshes are Our Life«: An Analysis of Ecologically Induced Genocide in the Iraqi Marshes. Journal of Genocide Research 23, S. 279-301.

Ring of Fire

»Wir glauben, …« – Übersetzungen der Autor:innen nach: Crawley, M. 2022. Doug Ford unveils strategy for 'critical minerals,' worth $3.5B to Ontario economy, auf: cbc.ca (Zugriff am 15.2.2024).
»Wir müssen wirklich …«; »Es sieht vielleicht …« – Übersetzungen der Autor:innen nach: Renner, S. 2022. Mining Ontario's Ring of Fire could help build green energy – but also damage vital peatlands, auf: wcscanada.org (Zugriff am 15.2.2024).

Blutsauger

»Ich wäre so froh, …«; »Sammeln Sie Sphagnummoos?« – Übersetzungen der Autor:innen nach: Ayres, P. 2013. Wound dressings in World War I: the kindly *Sphagnum* moss. Field Bryology 110, S. 27-34.

Das Moor im Menschen

»Als Sámi kennst du dein Moor«: persönliches Gespräch mit Swantje Furtak.

Noah und das Rohrkolbenboot

»Wand, Wand, Schilfwand, …« – Übersetzung der Autor:innen nach: https://www.youtube.com/watch?v=s_fkpZSnz2I (2.24-2.38).
»Sie nahmen sich zu Weibern, welche sie nur wollten«:
Die Bibel (Zürcher 1931),
1. Mose 6,2.

Malweiber sind Moorweiber

»Unsere heutigen Notizen …«; »reicht der Wortschatz …«: Behling, K. & Manigold, A. 2013. Die Malweiber – Unerschrockene Künstlerinnen um 1900. Berlin. S. 28.
»Schönes braunes Moor, …«; »Ist es nicht …«: Schmidt-Barrien, H. 1996. Van Gogh im Moor – Beglückende Streifzüge eines jungen Malers durchs Drenther Moor 6 Jahre vor Worpswede. Johann Heinrich Döll Verlag. S. 95.

Aufklärung eines Serienmordes

»als würden in der Ferne …«: Beckmann, J.Ch. 1751. Historische Beschreibung der Chur- und Mark Brandenburg, in: Fontane, Th.: WMB, Bd. 1,
S. 566. Zitiert nach: Blackbourn, D. 2007. Die Eroberung der Natur. Eine Geschichte der deutschen Landschaft, 4. Aufl. München. S. 41.
»Die Natur, die …«; »Lasst uns diese Sümpfe …«: van de Löcht, J. & Penke, N. 2023. Kulturpoetik des Moores. Ressource, Phobotop, Reservoir. Berlin & Boston. S. 33-34.
»die elendste Einteilung, …«: Mitteilungen für Torfwirtschaft. 1942. Beilage zur Deutschen Landeskultur-Zeitung. Berlin. S. 34.
»Je sumpfiger und …«:
Findorff, J.C. 1937. Beiträge und Fragmente zu einem Moorkatechismus. Oldenburg. S. 13.

Die einfachste Lösung

»Das Mohr wächst nicht so geschwinde als viele Mohrkluge glauben …«: Findorff, J.C. 1937. Beiträge und Fragmente zu einem Moorkatechismus. Oldenburg. S. 8.

Die Wiederentdeckung der Perspektive

»Was sind das für Insekten?«; »Das sind Büffel.«: Turnbull, C. M. 1962. The forest people. A study of the Pygmies of the Congo. Simon and Schuster.
S. 252-253.

Vollständige Übersicht aller Text- und Grafik-Quellen